公共行政规范理论译丛
● 主 编：马 骏 任剑涛

公共行政研究的叙事基础

TAKING LANGUAGE SERIOUSLY
The Narrative Foundations of
Public Administration Research

〖美〗杰·D.怀特（Jay D.White）／著
胡辉华／译

全国百佳出版社
中央编译出版社
Central Compilation & Translation Press

译丛总序

在现代公共行政学的发展史上，一直有两条重要的主线：规范与实证理论。现代公共行政学正是围绕着这两条理论线索不断发展起来的。这两条主线有时相安无事，各走各的，有时则相互碰撞，发生争执。无论是那一种情况，它们都在推动着公共行政学的发展。只有同时把握这两条主线的研究，熟悉它们各自的主要理论及研究方法，才能完整和准确地了解现代公共行政学。尽管许多人将公共行政学的诞生追溯到19世纪末，但是，作为一个相对独立的"学科"，公共行政学成型于20世纪的美国，并在20世纪30年代进入其发展的黄金时代，形成了所谓的古典公共行政学。1947年，西蒙出版了《行政行为》，次年，瓦尔多出版了《行政国家》。两位学者及其著述凸显了公共行政学中两种学术旨趣之争：实证取向的公共行政学，还是价值取向的公共行政学？1952年，西蒙与瓦尔多之间就此发生辩论。这场著名的"西蒙/瓦尔多之辩"正式结束了公共行政学的古典时期。自那以后，美国公共行政学就分裂成许多流派，由此进入一个长达近60年的范式分离和竞争。在这一竞争的格局中，规范理论一直占有重要的地位，深刻地影响着公共行政学的发展。而且，最为有趣的是，尽管20世纪50年代以来，实证研究越来越成为社会科学，尤其是美国社会科学的主流，在公共行政学尤其是美国公共行政学中，规范理论一直发挥着举足轻重的影响，许多顶尖的公共行政学家都在从事规范研究。这在一些希望将公共行政学变成"科学"的学者眼里，极大地妨碍公共行政学发展成为"受人尊重的"硬科学。然而，不可否认的是，正是由于规范研究的存在，才使得公共行政学一直保持着敏锐而深刻的批判精神以及不断进行创新的活力。从20世纪70年代的新公共行政学，到80年代出现并仍然非常活跃的"公共行政理论网络"（Public Administration Theory Network，PAT – NET），公共行政学中的规范研究一直不乏传承，不断推出产生重大影响的著作。著名公共行政学家斯蒂尔曼（Stillman，1999）将"公共行政理论网络"的学者称为"诠释派"。这一流派的学者都是实证研究的反对者，都主张在公共行政学中开展"诠释研究"和"批判研究"。他们一方面批判性地反思行政国家的现代性基础，反思公共行政学的哲学基础，另一方面对于公共行政中的价值问题（例如社会公平）和公民权问题等极其关注，孜孜不倦地寻找建立美好社会的替代方案。有时，他们像一些破坏者，撼动那些支撑着我们已经习以为常的现代行政国家的基石；有时，他们像一些幻想者，构想者一些曲高和寡的、新的治理模式；有时，他们使用的术语是那样的生僻而且古怪，他们使用的思辨方式也让那些熟悉和热爱定量数据的人们感到陌生。然而，无论如何，我们都必须认真地对待他们的研究，并保持一种开放的态度。应该认识到，实证研究只是我们认识世界的方式之一，绝不是唯一的至高无上的研究方法。

目前，国内公共行政学研究整体落后于国际学术水平。不仅在实证研究方面非常落后，而且在规范研究方面也非常落后。对于规范研究，国内一些研究者的理解也是非常成问题的，似乎只要不用定量数据就是规范研究，而不知规范研究也有其独特的理论建构方式和质量标准。翻译、介绍公共行政学中的这些规范理论，对于提高我国公共行政学中规范研究的质量意义重大。同时，也对我们的改革实践具有重大意义。目前，如何适应社会、经济变迁重构国家治理已是中国公共行政学必须提出整体性解决方案的根本性大问题。这不仅需要严谨、科学的实证研究，更需要建设性的规范理论。本译丛主要翻译和介绍瓦尔多的《行政国家》发表以来、在20世纪70年代初具规模、在80年代大规模复兴并不断发展壮大的公共行政学中的规范理论。本译丛着重选择公共行政学规范理论中的经典著作以及最近几年引起各种争论的最新著作。我们希望，这有助于矫正汉语公共行政学界的一些认知偏差，更好地引导汉语公共行政学的健康发展。我们两人分别从事规范和实证研究，按理学术取向不同，难以进行学术交流。所幸，作为同事，我们经常有机会进行一些交流。在交流中发现，实证研究与规范研究之间的交流和互动，每每收获甚大，可起相互启发之效。同时，深忧我国公共行政学研究中越来越重的纯粹管理主义乃至工程主义倾向，遂有编辑此译丛的想法。其后，得中央编译局贾宇琰女士及该局其他同仁的支持，以及各位译者的辛勤工作，方有此丛书面世。

马骏　任剑涛
2008年2月10日于中山大学

目录 Contents

前　言 1

第一章　公共行政研究的知识叙事理论 1
　　知识即是讲故事 6
　　这些论据的本质 10
　　实证主义简评 12
　　本书预览 13

第二章　作为讲故事、解释和批判的知识 16
　　作为讲故事的应用研究 18
　　公共行政对说明不满意 22
　　在其他领域的进展 24
　　转向解释 31
　　批判性研究 35
　　总结 36

第三章 三种研究模式 ………………………………… 37
　　说明性研究 ………………………………………… 38
　　解释性研究 ………………………………………… 40
　　批判性研究 ………………………………………… 47
　　基础 ………………………………………………… 51
　　总结 ………………………………………………… 53

第四章 行政推理和法律推理：理解说明性、解释性和批判性的合理性 ………………………………… 54
　　工具性推理 ………………………………………… 55
　　理性模型的结构性局限 …………………………… 56
　　法律推理 …………………………………………… 62
　　解释性推理和批判性推理 ………………………… 64
　　对知识发展与运用的意蕴 ………………………… 68
　　总结 ………………………………………………… 71

第五章 从实证主义到后实证主义：科学哲学的语言学转向 ………………………………………………… 72
　　哲学与科学 ………………………………………… 72
　　笛卡儿的焦虑 ……………………………………… 75
　　所予的神话 ………………………………………… 76
　　真理符合论 ………………………………………… 78
　　对说明的批判 ……………………………………… 80
　　对解释的批判 ……………………………………… 81
　　知识的语言学基础 ………………………………… 83

理论选择的实践合理性 ·· 87
　　总结 ··· 91

第六章　行政研究中的行动运动：解释性研究和批判性研究的实例 ······································· 92
　　行动理论 ·· 93
　　行动理论的一个案例研究 ·· 95
　　行动研究 ··· 100
　　行动科学 ··· 104
　　总结 ··· 109

第七章　社会行动、行政研究和文艺解释：解释的逻辑与批判的逻辑 ······························· 112
　　文艺解释 ··· 114
　　解释的立场 ··· 117
　　作者或行动者的相关性 ·· 120
　　意义与重要性 ·· 123
　　解释的准则 ··· 126
　　确认的标准 ··· 129
　　总结：类的融合 ··· 132

第八章　认真对待语言：一些后现代的主题 ············· 134
　　宏大叙事的失落 ··· 135
　　知识与地方性叙事的语言学基础 ····························· 140
　　后结构主义 ··· 143

作为对话的知识 …………………………………………… 148
公共行政的地方性叙事 ………………………………… 152
意蕴 ……………………………………………………… 156

第九章 语言、话语和合理性：知识叙事论的基础 ……… 160

参考文献 ……………………………………………………… 169
索引 ………………………………………………………… 190

前　言

有 20 多年的时间，我对公共行政、公共政策及相关领域——例如管理——研究的哲学基础极感兴趣。我最初的所见之一是，公共行政研究的哲学基础一直被这一领域的大多数学者视为理所当然。例如，大多数研究型教科书只是简要地提到科学哲学，认为它为实际研究中运用的方案和技术提供了逻辑证明。这些教科书即使有也很少提及在自然科学与社会科学的研究逻辑方面，科学哲学多年前就经历了一场大革命。这一革命既关涉到研究行为又关涉到在这一领域我们坚持的据以判断知识有效性（validity）的标准。

我也惊讶于大多数学者简单地把科学哲学中的实证主义运动视为其研究理所当然地适宜向之看齐的运动。只有少数学者意识到其他哲学运动——例如现象学、解释学、实用主义或社会批判理论——同我们的研究逻辑及我们的知识有效性相关。我对理解这些"外来的"哲学运动及其概念、理念、理论在公共行政学中对知识的发展和运用所具有的意义极感兴趣。

1986 年，我在《公共行政评论》上发表了一篇题为"论公共行政知识的增长"的文章。该文是对霍华德·麦柯迪和罗伯特·克利里（Howard McCurdy，Robert Cleary，1984）早先发表在《公共行政评论》上的文章的回应，他们明白无误地指出这一领域的博士论文质量不高，几乎完全没有能力对共同的知识体系作出贡献。他们建议这一领域的研究应该牢牢地坚持说明性社会科学的逻辑。我的回应不仅是勾勒出说明性社会科学的逻辑，而且勾勒出解释性和批判性研究的逻辑。我想从哲学的视角展示知识可以用不同的然而在逻辑上和实践上可证明的方式获得和发展。

1992年，《美国公共行政评论》杂志的编辑约我为一次关于公共行政学和公共政策分析中隐喻和讲故事的应用的小型研讨会写一篇导论性的文章。那篇文章的标题是"认真对待语言：迈向一种行政学研究的知识叙事理论"。我发觉关于这一主题，我想说的比我为杂志撰写的短文所能表达的要多得多，我意识到写一本书是适宜的，这就是本书的源起。

我一着手动笔，心中就有两个目的。首先，我想提出一种关于哲学如何支撑公共行政及相关领域研究的清楚而明白的观点。令人遗憾的是，哲学的探讨同如何进行研究的探讨大为脱节，这部分地是因为哲学家们发展出了自己的专门语言以解决下述问题：即知识如何发展并应该如何发展；知识如何并应该如何运用以影响社会变迁。那些致力于研究方法和讲授研究方法的人也创造出了他们自己的专门语言。结果，研究人员很少有时间或有意愿学习哲学的语言并从中获得有关研究的逻辑、理论建构和理论运用的洞见。与此相似，哲学家们很少有机会实际地进行社会研究并在其中遇到研究人员遇到的难题、问题和机遇。本书试图弥合这一裂隙，其途径是以清楚明白的方式展现科学哲学和人文学科哲学的最新发展如何有助于澄清公共行政及相关领域的研究逻辑。

我的第二个目的是提出与几个哲学运动的发展方向相一致的论点。科学哲学、法学和文学正从实证主义转向知识发展及运用的后实证主义观念，这些观念中的每一种都承认所有知识形式的语言学基础。从这些进展中可以显示，知识发展和运用的所有形式基本上

前言

都是叙述和讲故事。我们在公共行政及诸如政策分析、法学和文艺批评等相关领域里发展出来并加以运用的知识，可以有益地被理解为以叙事的形式讲述的故事，这有助于我们理解我们感兴趣的东西的意义；有助于我们通过交谈向别人传达其意义从而共享知识。

在所有知识的语言学基础以及研究和职业实践的讲故事性质方面，这种观点的趋同起源于一些主流的哲学运动，而有些源自后现代主义的主题对公共行政的知识叙事理论也有直接的吸引力。有些后现代主义者会争辩说，不可能发展出任何一种稳定而一致的知识体系，不过，他们关于知识和存在的语言学基础的某些主题直接引起了我的兴趣。

我希望表明，这不是一部关于研究方法的教科书。它对理论及理论化提出了一种理论的观点，在这一意义上，它所关注的东西具有元理论的性质。然而，它也可以被看成是某类教科书，因为我一直想把复杂的哲学概念转达给可能不怎么熟悉我所提到的种种哲学运动的读者。在这方面，即使本书提出了赞成公共行政研究的知识叙事理论的强有力论点，它也可以被看成是公共行政理论发展的一本入门书。

我要表达对几个人的谢意，感谢他们持久的友谊和不断的思想激励。贝雅德·L. 卡特伦（Bayard L. Catron）是我在做博士研究生时的导师。他把我的目光引向了哲学思辨的世界并帮助我摆脱了工具论和技术论的心态。盖伊·B. 亚当斯（Guy B. Adams）是我读博士时的同学，最近又成为我的合著者，他一直是洞见、思想和思辨的源头。他还推动我同乔治敦大学出版社及其编辑约翰·桑普尔斯（John Samples）建立了联系。理查德·C. 博克斯（Richard C. Box）对我在这里提出的论述过程作过富有教益的评论。他向我保证说，我的一些论点线索不清是由于我所涉足的思想领域的性质所决定的，而不是由于我的误解。加里·G. 马歇尔（Gary G. Marshall）确认，我确实正确地阅读并理解了后现代哲学家理查德·罗蒂（Richard Rorty）的著作。罗蒂把哲学和科学看成是对话的观点，这对知识的叙事理论的发展来说极其重要。帕·汤普森（Pam Thompson）细致地校对了手稿。拉尔夫·P. 赫梅尔（Ralph P. Hummel）与我对公共行政、组织和管理知识中的理论和哲学问题无话不谈。虽然我们的意见常常不一致，甚至有时无法相互理解，但是，我们的谈话却总会产生新的更多的问题可追求。我也要感谢我的朋友费尔南多·佩奇斯（Fernando Pages），他学的是音乐，但职业是建筑师。他好心地仔细通读了手稿以确保我写的东西普通读者也能明白。最后，我必须感谢我的妻子费丝（Faith），她对我的想法从不求全责备，而是一如既往地爱我并支持我。

第一章 公共行政研究的知识叙事理论

公共行政研究的质量在几条阵线上受到了严厉的批评。发表在这一领域内的顶级期刊——《公共行政评论》上的研究成果被评价为在这一领域没有对系统而不断增长的科学知识体系作出贡献，没有坚持严谨研究的科学标准。詹姆斯·L. 佩里和肯尼思·L. 克雷默（James L. Perry and Kenneth L. Kraemer, 1986）检视了从1975年到1984年《公共行政评论》上学者们的研究方法论。他们发现，大多数研究是应用性的而不是基础性的，这意味着没有对系统的科学知识作出贡献。研究不是积累性的，既没有建立在先前的研究基础上，也没有拓展先前的研究。而且，没有多少学者在高层次上处理研究问题。佩里和克雷默注意到定性研究——例如案例研究——多于定量研究。他们虽然没有贬低定性研究，但暗示定量研究是促进类似于传统社会科学——例如经济学、心理学和社会学——知识体系的优先选择。

罗伯特·A. 斯托林斯和詹姆斯·M. 弗里斯（Robert A. Stallings and James M. Ferris, 1988）检视了从1940年到1984年《公共行政评论》上的论文。他们发现，大多数文章想为未来的研究设想问题而不是实际地对这些问题作出高层次的研究。他们还发现20世纪70年代末和80年代初，采用说明性方案的常规的主流研究还没有占到30%。据他们估计，在这一领域，说明性的研究方案只占到很小部分。

大卫·J. 休斯敦和西比尔·M. 德莱万（David J. Houston and Sybil M. Delevan，1990）检视了六种公共行政期刊。他们发现这一领域缺乏指导研究的宽广理论框架，缺少经验性的理论验证和理论建设。他们断定，培育建立在社会科学研究的原则基础之上的积累性知识体系没有多大希望。

培养公共行政未来学者的博士论文研究也遭到了严厉的质疑。霍华德·麦柯迪和罗伯特·克利里（Howard McCurdy，Robert Cleary，1984）检视了发表在 1981 年版的《国际博士学位论文摘要》（*Dissertation Abstracts Internationals*，*DAI*）上的 142 篇公共行政博士论文摘要。他们发现，大部分研究是非积累性的，缺乏对这一领域内的重要论题的集中关注，没有"达到在常规意义上界定的社会科学缜密、系统研究的标准"（p. 55）。我抽取了从 1979 年至 1984 年的 400 篇博士论文摘要，以更多的样本重复了他们的研究，也得出了同样的结论（White，1986a）。克利里（Cleary，1992）检视了发表于 1990 年的 165 篇公共行政博士论文摘要后发现，按照主流的经验性社会科学的标准，博士论文研究的质量有一些提高的迹象。

盖伊·B. 亚当斯和我检视了 1992 年《国际博士学位论文摘要》上的公共行政博士论文（Adams and White，1994）。我们发现，其中许多论文缺乏指导其研究的清楚的理论或概念框架；许多论文在收集数据和分析方法方面存在明显的错误；许多论文的目标是搜寻相关问题的统计技巧；许多论文得出的结论既不能对理论发展也不能对职业实践作出贡献。我们把大多数研究形容为理论废物和没有头脑的经验主义。

公共行政研究的质量乏善可陈虽然可能有其他原因，但是，从科学哲学的视角来看这一领域，有一个原因显得突出。我们对研究的哲学基础的理解存在着极大的不足。这些不足使我们不能在这一领域内发展出系统的知识体系以及运用知识改善公共组织的职能。哲学,特别是科学哲学澄清研究的假设和研究的逻辑,因而被看成是任何类型研究的指导。令人遗憾的是,人们对公共行政研究的哲学基础的理解相当糟糕①,这可以从以下事实中了解到并在接下来的章节中得到证明。

第一,这一领域的有些研究从主流社会科学——例如政治学、经济学、社会学和心理学——中借用逻辑,试图说明人们的行为、组织和制度。说明性研究受科学哲学中实证主义传统的影响很大。后实证主义已经严厉地批评了实证主义,认为它不能准确地描述科学探究的逻辑。后实证主义而不是实证主义才是公共行政研究的更为适当的基础。然而,这一领域的许多研究仍然受过时而不适当的实证主义观念的指导。

第二,这一领域的许多研究者信赖诸如案例研究、参与式观察、田野调查、访谈和行动研究等质性研究方案。这类研究试图解释信念、行动、规范、价值观、事件和社会实践的意义。其中有些研究还试图通过批判来改变社会的、政治的或心理的状况。令人遗憾的是,这种研究的质量大多令人生疑(White,1986a;Adams and White,1994)。它缺乏指导其研究的坚实的理论框架以及广为理解的哲学基础。② 后实证主义对探究逻辑的重构可以巩固这一基础并为

---

① 我以非常概括的方式用"基础"这个术语来指不同研究模式的逻辑支撑。当我们遭遇到后现代哲学家(特别是理查德·罗蒂)提出的"反基础主义"的知识理论时,无论哪一类型的知识是否具有任何哲学的基础就成了问题。

② 对这种研究的众多批评指出了该领域里质性研究的可疑质量,另有一些人近来则提出了改进意见(Orosz,McKenna and Redding,1997;Orosz,1997,1998)。

解释性和批判性研究提供清楚明白的理论框架。

第三，实证主义传统对行政环境和政策环境下知识的运用抱着一种工程学的心态。这种心态适合于解决简单而清楚明白的问题，却不能说明在解决错综复杂的问题时行政或公共政策的正规知识如何运用的逻辑。一个清楚明白的问题意味着没有几个决策者或利益相关者，备选方案有限，问题得到了清楚的界定，在指导行动的价值观方面意见一致。相对地，一个错综复杂的问题则意味着有许多决策者或利益相关者，众多可能的备选方案，对问题的界定众说纷纭，指导行动的价值观相互冲突（Dunn，1981）。解决错综复杂问题的有效方法涉及一种无法用实证主义的科学观把握的知识和行动。

第四，大多数研究者在不同的方法中受到训练而不是在其研究的哲学基础中受到训练。因此，许多人大都不了解哲学的进展已经从根本上重构了科学研究的逻辑。研究者不应该把这看成是冒犯。在现代大学，知识已经专门化到这样的程度，以致现代学者难以甚至不可能对他们需要认识的一切事情获得全面理解。大多数公共行政的博士生课程体系完全没有为有关研究的哲学基础方面的课程留出空间。

第五，重构行政环境和政策环境下可能采用的研究方式具有重要意义。它们承认说明性的、解释性的和批判性的研究模式具有同等重要性，这使解释性和批判性探究模式的运用获得合法地位，并将这两种模式确立在与传统的主流说明性研究同等地位之上。虽然在公共行政及相关领域里对解释性和批判性研究的兴趣有所复兴，但说明性的路径仍然在研究中占据支配地位，它限制了我们更好地理解这一领域的能力和改变行政或政策环境的能力。对于发展公共行政及相关的研究和职业活动领域的知识而言，重构有可能意义深远并合法地拓宽和加强运用于其中的方法。

第六，重构指出了所有三种研究模式的叙事基础，显示出任何一种模式从根本上说就是讲故事。这就是承认语言构成我们关于世界的任何一种知识——即使是公共行政知识——的最终基础。因此，只要我们作为学者对任何事情的本质作出权威性的发言，我们都是通过故事的形式用语言这样做。这些故事试图说服世人；作为学者，我们所相信的事情可以帮助他们解决他们自己的问题。然而，作为讲故事的研究逻辑有待于向从事公共行政研究的人们广泛传播。

本书通过探讨知识发展与运用的叙事基础和语言学基础来弥补公共行政研究逻辑的不足。在这样做时，它将从不同的哲学传统——包括科学哲学、实证主义、后实证主义、文艺批评、解释学、现象学、批判理论、后现代哲学和社会理论——中提炼出这一领域研究的哲学基础。这些传统的本质及其对我们理解公共行政研究的贡献贯穿于本书之中。

这样把重点放在研究的叙事基础之上，也适用于其他领域的研究例如公共政策分析、规划、企业管理、组织研究、社会工作管理、教育管理，或者说适用于任何不想局限于说明而想寻求解释性地理解社会的、政治的、经济的或个人的变迁的学科或学术领域。确实，有些赞同知识叙事理论的论据就来自其中的某些领域——尤其引人注目的是政策分析、组织研究和规划领域。为简单起见，我说的是公共行政研究，但也意识到这里提出的论据同任何关注知识的发展与运用以影响社会的、政治的、经济的或个人的变迁的领域相关联。

知识即是讲故事

故事与讲故事的重要性在行政或政策研究中没有被人们忽视。不少组织理论家已经指出组织成员共享的故事是组织文化方面的知识的重要源泉。另一些组织理论家倡导在行政的背景下进行研究的讲故事的路径。有些政策分析者也倡导决策的讲故事的路径。这些固然是了不起的洞见，但这里提出的论据更为激进，因为它们触及知识发展和运用的基础本身。

这是基本的论据：所有研究从根本上说就是讲故事或叙述。我们关于公共行政的任何类型的知识，即使是科学知识，基本上是根植于语言和话语并通过对话以叙事的形式表达出来的故事。虽然这初看起来有点牵强，但是，知识的叙事理论有几个强有力的论据。它们来自行政研究、政策分析、规划理论、组织研究、组织行为学、知识社会学、哲学、社会理论和后现代主义思想。

支持知识的叙事理论的论据错综复杂，它们无法用直线的方式提出来，但可以说清楚。本章为导论，提出某些论据的概要，接下来的几章更进一步深入探讨几种强调所有知识的语言学基础的哲学传统，而每一章都会回到公共行政研究的本质上来。虽然我刚刚提到了那些论据的非直线性，但是，可以用简要的形式提出七个一般性的论据。

第一个论据是语言构成我们关于世界的所有知识的基础。如果没有语言向世人传达它，我们就不会有知识。更为基本的是，作为个体和社会存在物，我们是由语言构成的并进而是由文化构成的，如同我们是由生物体构成的一样。语言，而不是本性，界定我们、

第一章 公共行政研究的知识叙事理论

塑造我们并使我们在世界上成为个体和社会存在物。语言为我们提供了关于我们自身的知识以及关于我们与客体、与其他人以及与社会建构物如组织或政党之间关系的知识。我们所作的任何陈述，无论是来自常识或者系统研究，都假定了语言的运用并作为故事而被提出来。这个论据主要来自科学哲学的语言学转向及若干后现代主题。

第二个论据承认说明性、解释性和批判性三种研究模式的重要性。说明性的研究遵循主流社会科学的逻辑。说明同支撑自然科学、主流社会科学和大部分行政科学的科学哲学联系紧密。说明性研究力图说明某些事件为什么发生并对它们的发生作出预测。解释性研究遵循文化学科或人文学科（艺术、历史学、文学等）的逻辑。解释同解释学即解释理论联系紧密。解释性研究寻求理解社会产物的意义、有意义的事件或带有意向性的人类行动。批判性研究遵循自我反思的科学（意识形态批判和心理分析）的逻辑以影响社会的、政治的、经济的和个人的变迁。令人遗憾的是，由于实证主义"拒斥"对其工作的逻辑基础进行"反思"（Habermas，1971，ⅶ），在它的强有力影响下，这三种研究类型的异同在公共行政领域没有得到充分的理解。

第三个论据也是关于语言的。每一种研究模式基本上是一种不同的语言游戏。以这三种研究模式中的任何一种模式发展一种知识体系并运用它去影响社会的、政治的、经济的和心理的变迁都涉及对那种研究模式的语言的学习以及这些语言所创造的社会实践。每一种研究模式都有一种不同的语言游戏，这使它们具有不可通约性。我用"不可通约"这个词指说一种语言——例如说明性研究的语言——的人不会理解说解释性或批判性研究语言的人的语言，除非他们愿意学习这些语言。

我从 20 世纪最有影响的哲学家路德维希·维特根斯坦那里借用了"语言游戏"这个术语。他比其他任何哲学家对科学哲学中引入"语言学转向"都要负更多的责任。他引导认识论即知识理论远离在超验主义的形而上学领域（一种超越直接的感觉经验的精神领域）探求真理，而转向理解我们的知识要求（knowledge claims）的有效性是如何用那些描述和说明感觉经验的语言来表达的。

第四个论据同理性和合理性有关。无论我们是行政人员、科学家或只是普通老百姓，我们都会应用三种基本的推理形式。第一种形式是工具性推理，它把为我们熟知的支撑说明性研究合理性的演绎逻辑模式和归纳逻辑模式结合在一起。第二种形式是解释性推理，它是一种思想的循环过程，我们借助它把已经认识的东西同我们不熟悉的新的经验相比较，以便理解我们周围的世界，它支撑解释性研究的合理性。第三种形式是批判性推理，它涉及在任何处境中反思自我以确定［自我同其处境之间］关系效力的能力，以及假如这种关系不令人满意即可能采取行动加以改变的能力。批判理性支撑批判性研究的合理性。我将说明，同大多数实证主义者的信念相反，解释性和批判性推理是说明性研究的基础。

第五个论据是任何类型研究有效性从根本上说取决于实践话语。理查德·J. 伯恩斯坦（Richard J. Bernstein, 1983）令人信服地表明，说明性研究的有效性要求在很大程度上建立在实践话语——研究者共同体之间对什么样的陈述可以被视为真实的或有效的，以及对作为确定科学陈述有效性标准的价值观效力的论证、协商和争论——的基础之上。这导致说明性知识的真理共识论的出现。尽管他的论据主要是为了澄清实证主义哲学传统——从而使实证主义转向后实证主义——的某些混乱和误解，但是，它们也可以加以引申，发展出一种解释性知识和批判性知识的真理共识论。这意味着解释性和批判性知识要求的真理或有效性也立足于实践话语的基础之上。

第六个论据同实用主义有关。① 实用主义者想了解什么在起作用。无论是哲学家、科学家还是行政人员，实用主义者都想了解理论如何同实践相联系。更一般地说，他们想了解诸如公共行政之类的知识如何使我们改变或改善我们实践它的方式。人类行为学（Praxeology）——关于知识如何同变化相关的理论——注重行政或政策背景下知识发展与知识运用之间的关系。因此，实用主义关注实用，即理论与实践的整合。

更为基本的是，实用主义关注思想与行动的整合。作为一名行政人员或研究人员既涉及思想又涉及行动，作为一名优秀的行政人员或研究人员则意味着把这二者融为一体，以实现委托人、顾客、利益相关者或组织成员的利益。从研究的角度看，实用主义的有效性理论可以归结为知识是否有潜能对变化产生影响。因此，说明的目标是控制；对解释而言，是增进理解；对批判而言，是促进人类自由和发展的社会的、政治的、经济的或个人的变迁。

这一简短的概要目前可能不够清晰，因为论据要有血有肉，而充实论据正是本书的任务。

---

① 实用主义是一场在19世纪70年代末的美国由查尔斯·桑德斯·皮尔士（Charles Sunders Peirce）创始的哲学运动。其他著名的代表人物有约翰·杜威（John Dewey）、乔治·赫尔伯特·米德（George Herbert Mead）、威廉·詹姆斯（William James）和简·亚当斯（Jane Addams）。从非常概括的观点来看，实用主义者试图摆脱康德的先验哲学及其令人烦恼的关于知识要求的有效性标准问题。实用主义者转向理论与实践的关系，其中意向性行动的结果成为哲学反思的焦点。知识是工具性的，是把经验组织起来的工具。知识是受价值驱动的，而陈述的真理由它在获得有价值的结果方面的效用来判断。检验一个命题真理性的标准就是它的实践效用。对实用主义者来说，思想的目的在于指导行动。思想或理论的实际结果比它的起源更为重要。大多数实用主义者反对思考那些没有任何实际应用性的问题。

10

公共行政研究的叙事基础

这些论据的本质

这些支持知识的叙事理论的论据有五个源泉：某些应用社会科学和基础社会科学的最新进展，科学哲学，文艺批评理论，法律推理（legal reasoning）和后现代哲学及后现代社会理论。虽然它们通常都被看成非常不同的研究领域，但是，每个领域都有惊人地相似的论据通向知识的叙事理论。最终，所有这些进展都集中在语言是关于世界的知识的传达者的角色上，集中在我们拥有关于世界的知识的能力上，集中在我们拥有表达关于世界的知识的能力上，集中在我们利用知识改变周围世界的能力上。承认知识的所有形式的语言学基础导致知识的叙事理论在基础科学和应用科学，尤其是在公共行政中的发展和运用。

这看上去似乎是一个激进的论据。因为它触及我们的认识方式的基础和我们用知识重构研究逻辑的方式的基础。然而，它是对行政研究和行政知识可能性的后现代解构①，在这一意义上，这个论据并不激进。这个论据是对支持说明性、解释性和批判性研究模式、理论建设和变迁的哲学假定的探究。它也是对后现代关于不可能有关于任何事物（包括公共行政）的稳定知识体系观点的抵御。

---

① "解构"是某些后现代理论家和哲学家，尤其是雅克·德里达所喜欢的特别丑陋的一个术语。简单地说，它指把某种得到确认的东西——例如一首诗或一部小说——的意义拿过来，然后，系统地把它拆开并指出它可以具有完全不同的意义。大卫·约翰·法默尔（David John Farmer, 1995, pp. 178 - 181）在《公共行政的语言》中广泛地讨论了像字典那样界定解构的困难。我在第八章将讨论后现代主义和解构。

这里提出的许多论据显然与研究的哲学基础相关。任何获取关于世界知识的系统努力或运用系统的关于世界的知识改变世界的努力都作了关于世界的本质、我们认识世界和改变世界的能力方面的许多通常被称为前提的假定。这就是科学哲学的三大分支：本体论、认识论和人类行为学。

本体论研究我们能认识什么。例如，一般地说，在行政研究中，我们假定存在可以正当地称之为行政并能加以认识的某些东西。具体地说，我们假定存在社会实践和社会结构，也存在某些人类行为、意向和行动。它们构成公共行政及相关类型的行为和活动。本体论假定调节研究者的注意力。例如，主流的说明性科学假定它们的研究对象是受动行为（caused behaviors），它们不像解释性科学和批判性科学那样承认意向性行动。因此，本体论假定可以区分出研究什么。后面几章将更为详细地讨论受动行为与意向性行动之间的区别以及使三种基本的研究模式相互区别的其他本体论假定。

认识论即知识论，它试图回答这个一般问题：我们如何及为何能认识某些东西？当它集中研究公共行政和公共组织时，认识论关注如下问题：对于作为人类行为、意向性行动或社会实践的行政，我们能够认识什么？对于组织本身以及公共组织的结构和职能，我们能够认识什么？对于组织中的个体行为，我们能够认识什么？群体中人们的行为和行动以及群体本身的行为和行动对公共组织发挥职能和群体中个人的发展起着重要的作用，对于它们，我们能够认识什么？

认识论还追问，我们如何能认识这些事物？组织由人构成，我们关于他们的行为和行动的知识基础是什么？我们试图理解、批评或解释组织中人们的行为或行动、组织中群体的行为或行动、组织本身的行为或行动的逻辑是什么？对于个体、群体和组织的行为或行动，我们用什么标准判断我们的科学主张是有效的？对于行政、组织、群体和个人，我们如何建构可以增进组织、群体和个人发展的知识体系？本书以与几种哲学传统及行政研究发展方向相一致的方式回答这些问题。

前文提到，人类行为学这个词指实践——理论与实际的整合、思想与行动的整合。哲学的这个分支对行政研究至关重要，因为基础科学和应用科学的研究者都有发展并运用知识以改进诸如监督、领导、激励、控制、规划、决策及其他许多活动的动力。本书有几章将凸显公共行政研究哲学的人类行为学维度。

实证主义简评

这里提出的许多论据都与实证主义针锋相对。① 这个词的意思需要澄清。法国哲学家奥古斯丁·孔德（Auguste Comte，1798—1857）把实证主义发展为一种人性的世俗宗教并播撒了主流社会科学的种子。对人类行为，他拒绝作神学和形而上学的说明，而提倡科学的说明。他相信人类行为遵守像牛顿运动定律那样的严格规律。社会科学家的任务就是按照社会学、心理学、经济学、政治学、法学和文化科学的脉络探究支配人类行为的那些规律。

孔德之后，实证主义成为关于世界的本质、我们认识和改变它的能力的观念、概念、理论和意见的学说。"启蒙运动的构想"期望以严格的理性知识取代神秘主义、唯心主义、传统主义作为确立真

---

① 对实证主义的历史及实证主义理念、思想、立场和意见的变种的广泛讨论参见科拉科夫斯基（Kolakowski，1968）的著作。

理、正义和美的基础，实证主义是其组成部分。尽管实证主义最常与科学哲学联系在一起，但是，它在文化科学的历史中也有其地位。实证主义的主题和立场也现身于历史、文学、法学和艺术领域。

科学哲学或文化科学哲学中不存在单一的实证主义立场。相反，对于知识如何实现把人的自由和发展从自然、社会和文化的束缚下解放出来的启蒙运动的目标存在着不断变迁的信念和意见。这里提出的反对实证主义的论据不是对实证知识本身或启蒙理想的拒斥。它们只是为了纠正对公共行政和相关领域的研究逻辑的误解。

在这些领域内，而不仅仅是在那些与语言有密切关系的领域——例如文学——之内，承认实证主义的立场是理解所有知识的叙事基础的重要出发点，历史哲学、文学、法学、艺术和科学都经历了一场一般可称之为从实证主义到后实证主义转变的激进重构。在这里，我特别关注科学哲学、法学和文学。

本书预览

第二章介绍作为讲故事、解释和批判的研究。马丁·赖因（Martin Rein，1976）对政策分析即是讲故事的讨论扩展到了公共行政研究领域。此后，公共行政、组织研究、政策分析、规划领域出现了解释和批判的转向。这一导论之后是一份关于一些杰出的社会科学家呼吁在诸如社会学、人类学和经济学之类的主流学科多一点解释少一点说明的报告。

第三章更为详细地提出三种研究模式的逻辑。说明的逻辑指的是那些受到主流社会科学方法训练的研究者的经验。那些运用案例研究之类的质性研究方法以更好地理解行政环境的研究者对解释的逻辑感兴趣。那些试图改变组织成员的处境的研究者熟悉批判的逻辑。本章还将在奠定行政经验的三种研究模式的基础上探讨支持每一种逻辑的某些论据。

第四章展示行政人员、律师、法官和研究者工具的、解释的和批判的推理。推理的模式是一样的,只是背景不同。这导致支持三种研究模式——说明、解释和批判——的三种推理模式的同一。因此,实践话语提供了三种研究模式的理性基础。

第五章概述那些强调科学知识的语言学基础的科学哲学的发展。公共行政的大多数研究者都没有意识到支撑他们研究的实证主义科学观的激进重构。这一重构对正确地理解公共行政中知识的发展和运用具有重要意义。

第六章探讨完全不同于主流理念的三种类型的行政研究。每一种类型都用"行动"这个词——行动理论、行动研究和行动科学——使自身同说明性的行为科学区别开来。我将说明,三种以行动为取向的研究之间相似性大于差异性,行动理论的逻辑贯穿于行动研究和行动科学的逻辑之中。

第七章讨论文艺批评理论中的解释的逻辑。现代文艺批评的逻辑与自然科学和主流社会科学的后实证主义逻辑非常相似。由于这种相似以及科学哲学中的语言学转向,文艺解释的主题贯穿于科学哲学以及作为讲故事的行政研究的理论之中。该章还为寻求社会事件和社会行动的意义的质性研究提供哲学的有效性标准。

第八章探讨一些后现代主题,它们不仅对社会科学而且对自然科学的知识的叙事理论作出了贡献。有人会争辩说,后现代思想最终将导致文化科学或人文科学以及社会科学和行政科学的有效知识的所有可能要求毁灭。然而,仔细思考某些后现代理论家关于语言的说法实际上可以揭示那些支持说明性、解释性和批判性行政研究模式的逻辑的主题。该章将提出这一领域里赞成知识的叙事理论的最强有力的论据。它还将指出，由于历史上存在几种为学者、从业者和公众赋予这一领域以意义的地方性叙事，公共行政一直带有某些后现代主义的特征。

第九章简要地概述公共行政研究中知识的叙事理论的论据并讨论这一理论对公共行政研究和实践的意蕴。

第二章 作为讲故事、解释和批判的知识

20世纪初,关于公共行政中知识的发展和运用的争论围绕着行政是一门艺术还是一门科学进行。大多数学者接受它可能两者都是,行政科学应该成为对行政实践有教益的信念。研究和学术受科学管理(Taylor, 1911)、科学的"行政原则"(Gulick and Urwick, 1937)和社会科学中的行为主义运动(Charlesworth, 1962)的强烈影响。这样,说明性研究成为公共行政和工商行政中学术成就的标准化的理想。然而,后来出现了从说明性研究向解释甚至批判的适度转向。

说明性研究遵循主流社会科学的传统,后者借用了自然科学的逻辑。用伯恩斯坦(1976, xv)的话来说,人们曾经认为,说明性社会科学和行政研究的逻辑与自然科学的逻辑只是程度的不同而不是类型的不同。这就把社会科学和公共行政直接置于实证主义的科学哲学传统中。这也就必定挪用实证主义关于研究逻辑的可疑假定,包括主观与客观、价值中立与价值偏向、质性研究与定量研究之类的二分法。这些假定是可疑的,因为科学哲学家依循世界的本质和我们理解世界的能力这些根本问题,重新思考了科学研究和科学说明的逻辑支撑。公共行政的研究者很少关注这些重构工作。

实证主义的遗产之一是基础研究和应用研究的区分。基础研究力图对某些现象的知识体系作出贡献。在许多方面,公共行政研究努力模仿心理学、社会学和政治科学这样的主流社会科学,在知识

第二章 作为讲故事、解释和批判的知识

可以在某些地方找到应用于实践的途径的假定下发展基础知识体系。应用研究试图用在相关社会科学学科中得到发展的基础知识解决问题。人们认为应用研究的逻辑不同于基础研究的逻辑（Cronbach and Suppes，1969）。换言之，人们认为，研究者在解决应用问题时如何思考和行动不同于在为知识而追求知识的过程中如何思考和行动。在这里，我将指出，当委托人或利益相关者在理解并改变他们的处境时，应用研究一直把讲故事包括在内。然后，我将指出基础研究也是讲故事，不过在本质上稍有不同。

本章介绍基础研究和应用研究从根本上说都是叙述或讲故事。后面几章继续发展这个主题。本章的第一部分着重说明公共政策分析的讲故事的方面，并提出讲故事的逻辑作为政策分析中的"给予忠告"（giving advice）可以扩展到任何行政的背景下。第二部分讨论为什么有些公共行政理论家从说明性研究转向支持解释性研究和批判性研究。接下来的章节将说明这些研究模式严重依赖讲故事的逻辑来发展和运用知识。第三部分从组织研究、政策分析和规划理论中抽取那些需要更多解释或批判（常常以讲故事的形式出现）的主题。第四部分阐述为什么有些杰出的主流社会科学家呼吁基础社会科学学科的解释转向。虽然好像没几个主流社会科学家回应这一呼吁，但是，这表明即使在基础学科中，一些学者至少间接地关注作为解释的知识，即讲故事，有时是批判。第五部分简要地介绍以基础的形式和以应用的形式进行的批判研究。简言之，本章也起着对知识的叙事理论论点的一般介绍作用。

这里提出的作为讲故事的研究、解释性研究和批判性研究的例子不够全面或包揽无余。要做到详尽无遗可能需要写一整本书。所选择的例子最直接地针对行政研究的知识的叙事理论论点而言。

作为讲故事的应用研究

1976年,马丁·赖因提出公共政策分析涉及讲故事这样的观念。他指出无论是科学的基础模型还是应用模型都没有为作出政策决定提供所需要的知识类型,从而结束了关于政策分析中事实角色与价值角色的长期争论。两种模型都关注事物实际存在的方式和事物可能存在的方式。换言之,两种科学的模型都关注对事实的说明和预测。两种模型都不探讨事物应该存在的方式,"应该"在这里指某些政治或道德判断。这样的判断是政策分析或任何应用科学的规范性的任务。政策分析的规范性方面涉及讲述一个把事物实际存在的方式、事物可能存在的方式和事物应该存在的方式的事实结合在一起的故事。赖因关于政策分析所说的观点可以应用于任何试图理解或改变个人或社会处境的研究类型。

对赖因(1976)来说,政策分析的显著特征是"给予忠告"(giving of advice, p.261),他把这看成是讲故事。忠告决策者总是要讲述一个把事实和价值编织在一起的故事。故事为"解释纷繁复杂的事件"提供"行动的规范性意义而不是普遍规律"(p.266),后者是科学知识的实证主义观念。[政策]分析者必须为决策而获得的理解类型"取决于讲述相关的故事,即从过去的经历中得到解释事件如其所是的叙事并从中吸取未来行动的教训,这是指,例如,如果采取某些行动,未来可能会是什么样子"(pp.265–266)。这样,政策分析必须能够讲述一个把关于现有的事实、未来的预测和已有评估的可能性以某种可以为行动提供基础的方式结合在一起的故事。这对任何为决策者提出忠告的研究者来说都是千真万确的,

第二章 作为讲故事、解释和批判的知识

对那些从事基础研究的人来说也是千真万确的。为了让人们接受他们的研究结果并把它们加进知识体系，他们必须向其他研究者讲述一个故事，虽然是一个很形式化的故事。

赖因（1976）对给予忠告的政策分析的规范方面感到苦恼。它与实证主义的、说明性研究的假定不一致。在探讨二分法的价值方面的时候，他提出了对规范选择和客观研究之间关系的三种解释，却发现每一种解释都不能令人满意。按照第一种解释，价值观念组合事实，这将导致对事实的歪曲感知。也就是说，人们持有的价值观常常歪曲现实。例如，坚定地反对人工流产合法化的人可能认为即使流产可以挽救母亲的生命，流产也是错误的。按照第二种解释，事实可以与不同的价值观体系相融合，这将导致出现没有任何标准可依靠以便从中加以选择的相互竞争的行动理论。这就是使反对人工流产合法化的人和主张人工流产合法化的人（tacling past one another）的原因。按照第三种解释，事实组合价值观念，这缩小了规范性选择的范围，因为这时享有至高无上地位的是事实而不是价值观念（p.259）。换言之，只见事实就没有想象未来的任何余地，而想象未来必然涉及价值观念或规范性的立场。例如，假定人工流产的事实不可避免，如果缺乏一套价值观体系，是赞成还是反对人们就无所适从。

赖因没有解决这些解释之间的冲突。相反，他采取一种"价值—批判"的立场，这种立场把价值观念留给决策过程去协商。在这个协商的过程中，可以期望更有说服力的论点将会获胜，即使人们原先抱有不同的价值立场，他们对行动的路线也将达成共识。赖因的结论与后实证主义的科学有效性观念中的理论选择逻辑非常相似（见第五章）。

赖因（1976）还试图维护政策分析中的客观知识的完整性。即使给予忠告难免会作出规范性选择，他还是相信，按照故事所描述的场景检验故事的真相可以客观地论证政策故事的相关性。在他看来，通过弄清楚什么事情发生、什么事情没发生来评价故事的真实性相对容易些，而事情为什么如其所是地发生，要对其说明的有效性作出评价就很困难。说明事情为什么发生深受那些需要讲述故事的价值观念的影响。赖因主张确定故事的有效性准则部分地是逻辑的，部分地是美学的，并且不易充分理解。在后面几章，我将论证科学、文学和法学中的故事的有效性准则确实部分地是逻辑的，部分地是美学的，但它们可以得到理解。

赖因（1976）反对说明性研究的实证主义理念所主张的事实与价值的严格分离。实证主义者相信，对人们拥有的价值观念，可能存在客观的知识，但是，那些价值观念绝不应该进入确定关于自然现象、社会现象或个人现象的过程之中。科学家可以有规范性的协商，可以提出规范性的要求，但是，那当然不是在从事科学工作。在第五章，我们可以看到科学实际上取决于规范性的协商，而价值观念确实进入了确定有效性要求的过程之中。

由于在给予忠告的时候任何领域中的分析者或研究者都把事实和价值结合在一起，因此，赖因（1976）试图确保客观知识和规范性选择各得其所。然而，他作为政策分析者的经历与实证主义的逻辑并不一致。他所遇到的问题是：当面临两种相互竞争并被看成是价值中立的理论时，通过确定哪一个理论更精确和全面地反映了处境的真相可以作出理性的选择。然而，当面临两个把事实与价值结合在一起的故事时，事实的方面可以按照所描述的情况来确定，但是价值的因素就无法确定，因为人们认为价值观念不具有像事实那样的客观地位，因而是非理性的。

讲故事不限于政策分析，规范性的协商和给予忠告既是其他

第二章 作为讲故事、解释和批判的知识

"应用性"或"辅助性"领域的中心，也是一般性行政的中心。赫尔伯特·西蒙（Herbert Simon，1969）承认这一点，但只是在有限的范围内。他认为应用社会科学带有规范性的因素。在讨论处于政策和行政中心的设计过程时，他强调应用工程学的模式包括事物"应该如何才能实现目标和发挥职能"（p.7）的规范性问题。但是，他的观点是一种关于行政的规范性维度的狭义观点。他的"应该"只应用于实现既定目标的手段"应该"如何协调，而并不应用于目的本身在政治或道德的意义上"应该"是什么。

西蒙（1969）只是在实现既定目的或目标的范围内关注规范性的知识和推理。虽然人们认可规范性的关注是实现目的和目标的一部分，然而，更重要的是描述和说明当［政策］分析者和决策者在公共行动的相互竞争的目的和目标之间进行选择时如何解决价值观念的逻辑。西蒙坚持认为设计过程只"需要适度地适应一般的宣告式逻辑"（p.134）。他用"宣告式逻辑"指科学证明的演绎逻辑，（第四章将探讨这个问题）。他主张的实证主义立场把政策分析和行政中的决策逻辑解释为给予忠告是不适合的。第四章和第六章将指出解释和批判而不是某种陈述逻辑是确定规范性目的的基础。

1976年，赖因无法借助后实证主义哲学家的工作来消解事实与价值的二分法，也无法解决在相互竞争的政策故事之间进行合理选择的问题。由于无法摆脱实证主义的框架，他误解了他所面临的问题。第五章将指出科学哲学的最近发展揭示了根本不存在价值中立的理论。事实上，科学家把事实和价值观念结合在一起来建立理论，而那些价值观念正如事实一样合理。而且，在相互竞争的科学命题之间进行合理的选择正如在纯粹规范性的命题之间进行选择一样困难和复杂。然而，它们在实践的话语中仍然有合理的基础。

在质疑政策分析的实证主义逻辑20多年之后，赖因（1976）仍然保持他对讲故事的痴迷。在他与唐纳德·A. 舍恩合作的著作中，他们用"框架反思"（frame reflection）这个词说明决策者如何解决表面上"棘手的"政策争论的逻辑（Schön and Rein, 1994）。那些争论以常常相互冲突的政策故事的形式出现。确实，人们带入政策问题的框架非常像故事，因为它们把事实和价值观念都结合进一幅世界图画之内。许多政策文献充斥着说明性研究和决策的工具性模式的逻辑，却不能说明实际的政策决定方式，赖因和舍恩转到"框架反思"就是要避免这种逻辑。他们还用某些后现代哲学来说明解决复杂的公共问题的逻辑。

公共行政对说明不满意

20世纪初，许多公共行政的学者信奉以"行政的科学原则"形式出现的实证主义。对于这些原则所引起的问题，西蒙（1976）强调它们其实不过是些"谚语"。把它们应用在不同的行政场合不一定会达到预期的结果，有时还会得到相反的结果。例如，遵守指挥链的"科学"原则将得到最有效能的结果并不是普遍正确的。虽然行政的原则没有被证明是科学的，但是，像西蒙那样的学者却拥护社会科学中的行为主义运动，把它看成是获得行政的积累性知识体系的最佳方式。今天仍然很明显的是，有些公共行政的学者继续呼吁更多的主流研究，把它看成是促进这一领域的基础知识的最佳方式（例如 Cleary, 1992; Perry, 1991; Perry and Kraemer, 1986）。

20世纪60年代末，公共行政领域的有些学者开始质疑某些实证主义的假定。1968年，一群公共行政的学者在纽约明诺布鲁克召开会议讨论这一领域的未来（Marini, 1971）。人们提出了关于社会科学研究中实证主义的行为主义所提倡的价值无涉和价值中立的路径的可能性问题。虽然并非所有的与会者都采取下述立场,但这种立场与这次会议的其他主题一致:公共行政必须与社会相关联,必须培育社会公平,并且应该把公民包括在公共决策之中。

把这当做是公共行政的新方向就很难看出研究怎么会是价值无涉和价值中立的。摆脱实证主义是必要的。人们呼吁以规范性的理论建设和存在主义及现象学的研究解决20世纪70年代和80年代的问题(Frederickson,1971;Laporte,1971)。存在主义和现象学都难以作简单的界定。它们各自都是一种哲学运动,但是,每一种[哲学]运动的支持者都抓住了自己唯一的方向,也就不可能为这两种运动分别作一个简明而统一的界定。对那些在公共行政领域呼吁存在主义或现象学研究的人来说,大抵意味着从实证主义和说明性研究转向在官僚制组织和公共政策背景下对意义的解释和对现状的批判。

这次会议若干年之后,这一领域中的部分理论家勾勒出了替代实证主义的方案,它一般包括研究的解释性和批评性路径。1976年,威廉·邓恩(William Dunn)和巴曼·弗佐尼(Bahman Fozouni)在一篇论文中提出了一个批判性行政理论的概要。1981年,贝雅德·L. 卡特伦(Bayard L. Catron)和迈克尔·M. 哈蒙(Michael M. Harmon)将行动理论引入公共行政研究,它在很大程度上建立在阿尔弗雷德·舒茨(Alfred Schutz,1967a,1967b)的解释现象学的基础之上。哈蒙(1981)在《公共行政的行动理论》中继续发展了行政行动研究的解释性和批判性路径。罗伯特·B. 登哈特(Robert B. Denhardt,1981a,1981b,1984)提出了对组织研究中的实证主义路径的批判。他从马克斯·韦伯、卡尔·马克思和西格蒙德·弗洛伊德那里汲取真知灼见,展开了对现代公共组织的解释性和批判性论述。拉尔夫·P. 赫梅尔（Ralph P. Hummel, 1994）在《官僚经历》中把对现代组织的毁灭性批判建立在马克斯·韦伯、伊曼努尔·康德和马丁·海德格尔的洞见的基础之上。卡米拉·斯蒂福斯（Camilla Stivers, 1993）强调她在组织——尤其是官僚制组织——生活中的女性主义视角，为社会科学中个人叙事的作用提出了强有力的辩护。丹尼·L. 巴尔佛和威廉·梅沙洛斯（Danny L. Balfour and William Mesaros, 1994）指出公共行政可以被当做一个文本并可以用解释的解释学原则来理解。我也曾努力说明解释和批判的逻辑并指出它们在公共行政研究中的相关性（White, 1986a, 1986b, 1990, 1992）。查尔斯·福克斯和休·米勒以及大卫·约翰·法默尔（Charles Fox, Hugh Miller, and David John Farmer, 1995）不久前探讨了公共行政的后现代实证主义批判，并讨论了构成行政和研究基础的话语的和语言学的实践。令人遗憾的是，批判或其他选择在公共行政及相关领域仍然没有被广泛或很好地理解。我对知识发展和运用的叙事和语言学基础的讨论将增进我们对作为一种职业实践和学术研究领域的公共行政的理解。

在其他领域的进展

其他领域如组织研究、政策分析和规划领域的一些研究者为了增进理解和影响社会变迁也放弃了说明性研究。他们对其研究对象采用解释性和批判性的路径。下面是一些转向解释和批判的例子。这些例子并非包揽无遗而只是说明最近人们对解释性和批判性研究的兴趣。

组织研究最近对解释性研究感兴趣，这一点从不断增长的大量研究——尤其是运用解释性方法进行的研究，例如实地调查、案例研究、民族志研究、扎根理论（grounded theory），甚至讲故事（Das，1983）①——中可以看出。这些研究通常被称为质性研究而不是定量研究。虽然有些质性研究方案会使用某些来自调查的量化数据——例如内容分析或记述统计——的形式，但它们的主要意向是描述某些组织现象而不是提供对组织事件的因果说明。

在20世纪70年代，大多数行政学研究者没有受到质性方法的训练。为了回应对它们不断增长的运用，约翰·冯·曼（John Van Man，1979）编辑了整整一期的《行政科学季刊》以收集关于行政背景下质性研究方法运用的文章。为了把传统的定量研究与质性研究区别开，他把后者界定为"充其量是一个总括的术语，包括一系列解释性的技术，它们寻求对社会世界里或多或少是自然发生的某些现象的意义而不是频率作描述、解码、翻译或者妥协"（p.250）。质性研究从根本上说不关注对假说的定量检测，相反，它关注如何在组织生活的某些复杂方面（即人们在其社会处境上附加的意义）获得更彻底的理解（参见 Garfinkel，1967）。

组织行为学运用质性方法取得了不少进展。虽然弗雷德·卢森斯和梯姆·R.V.戴维斯（Fred Luthans and Tim R.V.Davis，1982）观察到组织行为学明显缺乏此类研究，但是他们强烈主张采用"表意研究"（ideographic research）——指解释性研究——以更好地理解"在现实的组织里真正的员工互动，之后才去研究遍及受控和标准化环境之中的大量主题"（p.381）。

表意研究通常与普遍规律研究（nomothetic research）相对。后者指这样一种实证主义立场，即如果要获得说明和预测，可以且应

---

① 吉布森·伯勒尔和加斯·摩根（Gibson Burrell and Garth Morgan，1979）提出了一种广为接受的关于组织研究的理论路径（包括解释性研究和批判性研究在内）的分类。

该把事物和人的行为放在支配其行为的普遍规律之下；前者指一种更有助于探讨事情状况的研究，它关注于发现什么事情发生了，这与在说明的意义上回答事情为什么发生相对。因此，普遍规律研究旨在说明和预测，而表意研究旨在解释和理解。

亨利·明茨伯格（Henry Mintzberg, 1973）为了了解管理人员日常做什么，选择了直接观察的表意路径。他的发现令人吃惊，挑战了人们长期以来坚持的由"管理的科学原则"传承而来的观念，即POSDCORB这个缩写词——计划、组织、人员匹配、指挥、协调、报告和预算——最为恰当地描述了管理工作（Gulic and Urwick, 1937）。明茨伯格没有用实验的设计去验证现存的理论，而只是在不同的背景下观察管理人员并与之交谈以便考察他们实际上所做的是否符合关于管理行为的现存理论。管理人员的情况并不符合现存理论。明茨伯格发现管理人员扮演几种不同的角色，例如傀儡、领导者、联络员、监督人、传播者、代言人、企业家、骚乱平息者、资源分配者和谈判家，而不是扮演POSDCORB①的角色。他的解释性研究改变了我们对管理人员真正做什么以及他们应该做什么的理解，这有助于理论家和从业者更好地理解管理行为的现实。明茨伯格（1979）后来强有力地论证了解释性研究是建立组织理论的一种策略。

20世纪80年代初，学界出现了对组织文化研究的兴趣。1982年，迪尔和肯尼迪（Deal and Kennedy）出版了《企业文化》一书，呼吁理解组织文化包括讲故事的解释性的路径。他们的著作成为一部畅销书。1983年，《行政科学季刊》与《组织动力》（1983）一样用整整一期篇幅来刊登组织文化方面的文章（Jelinck, Smircich,

---

① POSDCORB: Planning, Organazing, Staffing, Directing, Coordinating, Reporting and Budgeting。指（管理中）的计划、组织、配备人员、指挥、协调、报告和预算。——译者注

and Hirsch, 1983)。随后出版了以"组织文化"为题的论文集 (Frost et al., 1985) 和为数众多的文章和著作。1997年5月，我对"学术扩展索引"(*Expanded Academic Index*) 做了一个在线主题检索，该索引包括数以千计的期刊和专业杂志。检索显示自1980年以来共有442篇关于"企业文化"的文章、206篇关于"企业文化分析"的文章。大多数学者对提倡解释性研究形式的组织文化感兴趣。

因此，一个组织的文化——它可以被界定为组织成员共享的规范、价值观念、信念、惯例、故事、历史、神话、仪式、典礼和意义 (Smircich, 1983; Allaire and Firsirotu, 1984)——既成为研究的对象又成为研究的主题。作为研究的对象，它可以运用说明性的研究方法来研究。例如"组织文化清单"(Organizational Culture Inventory) 测量12套关于某一组织的文化的规范性信念或共享的行为期望 (Cooke and Szumal, 1993)。作为研究主题，它强烈要求运用解释性研究，尤其是当研究的任务是把握神话、故事、隐喻、仪式、典礼和惯例这样一些组织的人造物的意义的时候。最常提及的解释性方法是参与性观察、实地调查、访谈、案例研究、民族志、扎根理论、现象学、解释学和人类学。

故事和讲故事已成为组织研究的解释性路径的前沿。例如，玛丽·海伦·布朗和吉尔·J. 麦克米兰 (Mary Helen Brown and Jill J. McMillan, 1991) 指出一个组织的文化"可以被当做一个文本来把握和理解"(p.49)。① 他们采取包括解释性叙事在内的扎根理论的路径探讨组织生活的"日常戏剧"并把握构成"组织生活'文化辩证法'的戏剧性因素、行动和角色"。扬尼斯·加布里埃尔 (Yian-

---

① 引文的原文是 may be captured and understood as a test. 这里可能存在印刷错误，test 疑为 text 之误。——译者注

nis Gabriel，1991）的文章"把事实转变成故事并把故事转变成事实：组织传说的解释学探索"特别提到了解释学——作为组织研究模式的解释理论。大卫·M. 波叶（David M. Boje，1991）运用的是解释性、参与性观察的研究方案，他指出讲故事是组织的内外利益相关者所偏爱的理解方式。甚至"符号学"这个在语言研究中运用的词汇也进入了组织文化研究中（Barley，1983；Fiol，1989）。① 后来，至少两个研究运用了安东尼·吉登斯的结构化理论作为研究组织文化意义的路径（Bastien, McPhee, and Bolton, 1995；Witmer, 1997）。②

有些政策分析家也显示出对解释性研究的兴趣（Jennings, 1987）。他们致力于理解已提议的或已执行的政策对行政人员、政治家、代理人和一般公众的意义。约翰·德雷泽克（John Dryzek, 1982）特别探讨了解释学在政策分析中的作用。他提倡找出行动者和利益相关方附加于政策问题各方面的不同意义，把这些意义向其他相关的行动者转译，并且揭示行动者的理解和行动所受的制约。他注意到分析家扮演了事件描述者的角色和道德对话推动者的角色，而不只是扮演了技术方案提供者的角色。这极大地拓宽了政策分析家超越于理性决策模式之外的兴趣领域和可能活动范围。（第四章将

---

① "符号学"是语言学中对记号的意义研究，它常常注重对文本或话语的分析（Saussure, 1974）。记号就是表示其他事物并给予它意义的事物。关于符号学的可读性较强的介绍可参见马塞尔·达尼斯（Marcel Danesi, 1994）的著作。

② 吉登斯（1984）的结构化理论注重人类行动与社会结构的相互依赖性。结构由影响人类行为的规则和规范构成并反过来为人类行动所改变。结构化理论探讨客观结构与人类主观行动之间的相互作用，并说明个体和社会是如何变迁的。虽然吉登斯注重大型社会，但是，结构化理论可以应用于像组织文化那样的更小的社会。关于结构化理论与公共行政的关系的讨论可参见福克斯和米勒（Fox and Miller, 1995）的著作。

第二章　作为讲故事、解释和批判的知识

指出作为研究和职业实践指南的理性决策模式的结构性局限及其缺陷。）

解释性政策分析的另一个例子是埃默里·M. 罗（Emery M. Roe, 1992）的"政策分析家的叙事分析"。他指出："无法有效分析和管理最重大的问题的观念害苦了政策分析家，对他们来说，文艺批评是有用的。"（p. 555）他还认为："政策分析训练应该包括批判的技巧和为解释辩护的经验。"（p. 555）（第七章将讨论应用于行政研究中的文艺批评的逻辑。）

20 世纪 80 年代初，约翰·福雷斯特（John Forester, 1980a, 1980b, 1981, 1982a, 1983）讨论了政策分析和规划理论的某些解释性和批判性方面。他指出了规划者如何把决策者的"注意力引导"到利益相关者所提出政策中的权利和利益上，引导到那些将改变相关行动者状况的替代性政策行动上，引导到当下政策的可能效力等诸如此类的事情上（1981, pp. 170 - 173）。通过引导注意力，人们会发现所提出的政策对不同的行动者意味着什么，谁可能会对政策有非常不同的理解。这需要转译不同的意义，相关的行动者才能理解行动的共同基础。这种关于规划者做什么的观点与从主流社会科学借用的传统理性决策模式不同。后来，福雷斯特（1993）按照批判理论重构了规划理论的逻辑，由此更为充分地说明了规划实践的逻辑。

讲故事的重要性在战略规划中获得了人们的承认。约翰·布赖森、安德鲁·冯·德·文和威廉·罗伊林（John Bryson, Andrew Van de Ven, and William Roering, 1987）指出战略规划过程只在狭隘的意义上是分析性的。除了管理行为问题之外，规划者必须意识到管理人员无法处理在战略规划过程中产生的大量数据。他们面对的是结构不良的问题而不是结构优良的问题。这种处境的现实是"人们通常在（要么是他们自己的，要么是其他人的）个人故事——在其

中,他们或其他人遭遇到他们认为需要作出某些不同事情的处境——的基础上决策和采取战略行动"(p.63)。这样,"部门经理经常可以接触彼此之间及与部下共享故事的场合,在这种场合中,也可以分享和讨论来自其他地方的故事。没有什么东西可以取代这种接触。"(p.64)因此,如果没有讲故事,在政策中或组织背景下就不会有什么变化。

从这一简短的评述中我们可以得出什么结论?在与公共行政相似的领域中的一些研究者重新建构了研究的方法论基础。这些领域本质上是应用性领域。他们对理解并改变政治的、社会的、组织的和心理的状况感兴趣。由于这种对改变的关注,研究者发觉他们必须在行动者所处的环境中与行动者交流。这就是说,他们必须揭示行动者对其处境的想法和感受并帮助他们改变处境——如果这是他们的愿望的话。这需要解释和批判或讲故事。解释和批判需要完全不同于主流的研究实践。这也许就是为什么有些应用性社会科学家有意无意地运用解释性和批判性的思想和行动以重新建构研究的逻辑的原因。

然而,这种向解释和批判的转向带有某种不安。有些支持以说明取而代之的人似乎关注他们工作的合法性,好像解释性和批判性的研究不如那些主流社会科学的研究形式。埃德加·沙因(Edgar Schein,1993)清楚地指出了这一点。他在为其组织研究的临床诊断路径辩护的时候说:"工业—组织心理学运用的传统研究范式在理解组织的深层动力时没有助益,尤其是对理解那些我们称之为'文化'的现象没有助益。从临床和咨询工作中获得的数据应该被合法化为有效的研究数据。"(p.703)

虽然对解释性和批判性研究方法的运用似乎在增加——尤其是在行政学、组织研究、政策分析和规划实践领域,但是,这些研究方法的逻辑仍然没有获得广泛的认可。即使一些著名的社会科学家呼吁更多的解释,在基础社会科学学科中也是这样。

转向解释

经济学、社会学和人类学这些基础学科的学者也注意到说明性社会科学的问题。他们呼吁朝作为社会科学意义的源泉和理解的源泉的解释转向。

在《高等教育编年史》中一篇题为"质疑社会科学的科学:学者们发出了'转向解释'的信号"的文章中,卡伦·温克勒(Karen Winkler, 1985)报告说:"人类学、经济学、历史学、政治学和社会学领域里越来越多的学者正在质疑社会科学能够如何和应该如何成为科学。"她还指出:"他们用'解释'、'解释学'和'修辞'之类的语词呼吁从人文学科吸取与自然科学同样多成分的新研究模式。"(pp. 5 – 6)

也是在 1985 年,《纽约时报》一篇题为"学科方向之争"的文章引用了几个著名社会学家的言论。他们表达了对主流社会科学的实证主义理念的不满并主张复兴对解释性研究的兴趣。例如,丹尼尔·贝尔主张:"社会学及其他领域正在转向解释。人们对能用数字做什么感到失望。他们对检视事物的意义显示出了更多的兴趣。"(E7)彼得·伯格(Peter Berger)也表达了对事物意义的关注,并评述说社会学对当今的学生们没有吸引力是因为社会学家在人们的眼里是"繁琐小事的量化家"(E7)。丹尼尔·贝尔和彼得·伯格都不是一概拒斥实证主义或量化,但是他们两人都看到需要使意义的探讨成为合法的工作。

尼尔·斯梅尔瑟（Neil Smelser）说社会学成为合法的科学有困难，而这种合法性部分地受到获得如"国家科学基金会"（National Science Foundation）之类的机构资助的愿望所驱动。他推测量化和采用实证主义框架的动力受经济考虑的驱动。他觉得这显示出一种片面的学科观，忽视了偏重人文学科的（解释性的）社会学家的贡献。他表达了对更为宽广的学科观的偏向，在这种学科观中，各种各样研究风格（质性的及定量的）和各种各样的研究主题并存。他觉得这可以确保"学科的健康和研究的质量"（"学科方向之争"，E7）。

斯梅尔瑟还对迷恋于方法和技术的内在危险提出了警告。"如果被技术和方法捆住了手脚，可能对想象力有害。存在一种可以被称为技术拜物教的危险，即一种过分强调科学层面的危险。"（"学科方向之争"，E7）亚当斯和我也发现公共行政、管理学、教育管理学、犯罪学、规划领域和妇女研究领域的博士论文研究对技术的同样迷恋（Adams and White，1994）。这些研究中的大多数都是一种研究问题的统计技巧。研究多半是理论的废墟。

威廉·休厄尔（William Sewell）对斯梅尔瑟的关注作出了回应，他指出大规模的计算机提供了对大数据库进行复杂的多变量分析的基础。他认为，"当年轻的学者学会了那些技巧，更为纯粹的理论工作就受到削弱。"（"学科方向之争"，E7）几年前，赫尔伯特·马尔库塞（Herbert Marcuse，1966，1968）警告说技术意识会驱逐批判地思考和建立理论的能力。在公共行政、管理学、犯罪学、社会工作和规划领域，他的预测正确无误。我们考察了那些领域的博士论文研究，发现大量没有头脑的数字堆砌而很少有理论建设或理论发展（White and Adams，1995）。在后面几章，解释性和批判性研究模式连同说明性模式的运用就是针对斯梅尔瑟和休厄尔对增进理解社会现象的关注。

第二章 作为讲故事、解释和批判的知识

温克勒（1985）的文章更为深入地探讨了对实证主义的不满和对解释的不断增长的兴趣。她报告说，著名的人类学家克利福德·吉尔茨（Clifford Geertz）已经看到"'一种社会思想的重塑'，在其过程中'许多社会科学家从说明的规律与事例（law-and-instances）理念转向案例与解释（cases-and-interpretations）理念，不太热衷于把行星与钟摆联系起来的思考类型，而更热衷于把菊花与刀联系起来的思考类型'"（p.5）。格尔茨的观点并不令人意外，因为以前他就在人类学中倡导过解释。他在应用实证主义模式时遇到了困难并最终拒斥了它，转而赞同解释性模式。他把他的研究称为"深描"（thick description）（Geertz, 1973）。它涉及对社会生活象征、隐喻和类比方面的分析，在其过程中他"揭开"这些方面对其他文化中的成员的意义。

让人感到意外的是经济学家奥尔伯特·O.赫什曼（Albert O. Hirshman）声称"他的学科的科学的手段—目的、成本—收益模式远没有涵盖人类活动和经验的全部"（Winkler, 1985, p.5）。许多经济学家执著于"经济人"的研究模式。它假定所有人理性地、客观地和工具地行动以使自我利益最大化。第四章将质疑这一假定并指出理性决策模式的结构性局限。

经济学家唐纳德·M.麦克洛斯基（Donald M. McClosky）也慨叹计量经济学和数学模型的失效。经济学长期以来被认为是社会科学中最科学的学科之一，然而，经济学的预测很少有正面的经验。西摩·李普塞特（Seymour Lipset）激烈地说："没有一门社会科学能作出有价值的预测。我们不仅在经济学中而且在政治学、社会学中作出预测，却没有成功过。"（Winkler, 1985, p.5）

不能作出预测可能与某些理论的范围、普适性和抽象性有关。成功的预测在社会科学中是可能的但只限于某种程度。操作性条件

反射是一种运用于作出有效预测以在某些有限的情况下控制人们行为的理论。然而，它不是心理学中的宏大理论。它接近于罗伯特·默顿（Robert Merton, 1967）的中层理论。在提供人类行为和社会行为的普遍规律的意义上，这类理论绝不宏大，但是它们却不只是一些已受检验的假说。操作性条件反射是一种中层理论，它与关于人类行为的其他理论不相上下。经济学中的成本—收益模型也是一种中层理论，只在说明和预测有限范围内的行为——例如，使自我利益最大化的理性行为——时才有用。

我们如何理解在基础社会科学中解释转向的呼吁？有几个著名的社会科学家公开地表达了对主流路径的效力的怀疑。他们也表达了转向解释性研究的意愿。对他们来说，解释就是建立理论而不是计算案例。他们在比操作性定义和统计价值测量更宽泛的层次上寻求意义及价值。也就是说，他们要求更多的思考和更少的计算。他们呼吁对科学研究的结果更多地进行解释，呼吁用更多的解释代替主流的研究。他们想认识事物对我们生活方式的意义，这是一种应用科学领域的某些研究者共同的关怀。

尽管有这些著名的社会科学家的言论，但是没有多少迹象显示社会科学经历了解释的革命。像《美国政治学评论》和《美国经济学评论》这样的刊物仍然充斥着实证主义的研究，这也许是因为这些学科是为了知识而追求知识。社会科学家可以不用直接关注他们研究的实践意蕴，他们可能更多地受理论问题的学科母体所引导而不是受改变政治的、经济的和社会的状况的愿望所引导。即使是那些转向解释的社会科学家也没有提到批判。他们可能关注社会的变迁并把解释看成是它的一部分，但他们没有有意识地探讨批判的研究在影响社会变迁中的作用。

我们在社会科学中没有看到大规模的解释性和批判性研究转向

的一个原因是对这些研究模式的哲学基础缺乏理解。缺乏这样的理解，就不可能获得这种研究的有效性标准以及随之而来的确保这种有效性的方法论准则和原则。通过严格地把公共行政研究的语言学基础看成是以说明性的、解释性的和批判性的模式讲故事并探讨这种讲故事的研究观念，我们可以部分地纠正这一点。确实，这是本书的主要目的。我希望增强每一种研究模式的逻辑并把它们放在同样的立足点上，这一立足点承认每一种研究模式的语言学基础但仍然保持其独立而平等的合法性。

批判性研究

虽然有些主流社会科学家呼吁转向或回归解释，但是没几个人呼吁转向批判。批判性研究一直远离主流社会科学。在20世纪30年代和40年代期间的法兰克福学派早期，情况曾经就是这样。之后，马克斯·霍克海默、特奥多尔·阿多诺、赫尔伯特·马尔库塞等理论家及其他人对资本主义、权威国家、工具合理性、现代技术以及其他政治的、经济的和社会的统治形式进行了新马克思主义的批判。但是，即使在于尔根·哈贝马斯和安东尼·吉登斯的批判理论吸引了学术领域的兴趣的今天，情况也是这样。

一般地说，批判性研究尽力帮助人们发现社会的、经济的、文化的和心理的因素对他们的自由和发展的限制。官僚制、工具性推理、不平等的权力关系或无法进入决定其未来的话语领域等制度因素，把这些限制强加在人们的身上。因此，批判性研究把注意的焦点放在经济的、政治的、社会的和心理的变迁上，在这种意义上，它与基础的主流研究分道扬镳。然而，批判性研究仍然与基础研究保持着某种密切的关系。例如，法兰克福学派早期的一些理论家写了一本论述"权威人格"的著作（Adorno et al., 1950）。他们考察了权威主义的社会、政治、经济和心理根源，并穷尽了权威主义在当代生活中的意蕴。在这样做的时候，他们不仅希望仿照基础研究的目标建立关于权威主义的知识基础，而且希望用推翻压制他们的权力带来的好处来启蒙那些在权威主义下受苦难的人们。后一个目标是为了服务于批判的、实践的目的。

有些像霍克海默（Horkheimer, 1972）那样的早期批判理论家不愿意发展出系统的社会理论。他们认为批判理论的真正作用只是而且重要的是批判。当代批判理论家——最著名的是哈贝马斯（Habermas, 1983, 1987）——不仅致力于能够引导变迁的批判性知识而且致力于基础知识。事实上，虽然哈贝马斯的基础研究没有按照典型的经验方式进行，但他提出了一套建立在沟通基础上的综合性的社会行动理论。它是一种元理论，确实是一种关于理论的理论，它展示了人类自由和发展的逻辑的和实际的条件。在他的元理论中，他把说明性和解释性研究结合为构筑研究和知识的合法形式，但是他让它们服务于影响政治的、经济的、社会的和个人的变迁的批判研究。

总　结

本章进一步介绍了作为讲故事的知识理论。它从把公共政策分析当做讲故事开始，然后转而思考其他几个学科和领域里的讲故事及解释性和批判性研究。基础研究作为叙事和讲故事的逻辑有待后续章节进行展开。下一章概述三种研究模式中每一种模式的逻辑。

第三章　三种研究模式

后实证主义科学哲学家甄别出三种研究模式：说明性研究、解释性研究和批判性研究。自然科学和主流社会科学都是典型的说明性研究，政治学和公共行政研究的行为主义路径也是如此。一些历史学、人类学、社会学、法学和文艺批评是解释性研究的范例。公共行政学中常见的案例研究和参与观察等质性研究方案主要依靠解释。精神分析和马克思主义者对意识形态的批判和批判理论则代表批判性研究。组织发展中的行动研究、公共行政学中的行动理论和组织研究中的行动科学也可以是解释性的和批判性的。这些研究模式的逻辑是在横跨科学学科、哲学传统和人文学科的一系列争论中显现出来的。其结果是产生了一种比主流社会科学宽泛得多的关于知识发展和运用的理论，它更好地代表了80多年来作为公共行政学的一个组成部分的研究类型。

本章按照其目的、逻辑结构及其有效性标准简要地界定每一种研究模式。对每一种研究模式的更全面理解将在后面的章节中展开。本章将以简要地综述三种研究模式的基础作为结束。后面几章将指出这些研究模式如何获得法律理论、科学哲学和文艺批评中的后实证主义进展的支持。

说明性研究

说明性研究立足于对自然科学和社会科学的逻辑和方法论都有着深远影响的实证主义哲学传统。说明性研究试图建立能够说明和预测自然与社会事件的理论。建立理论需要发展一套相互关联并可验证的规律式陈述,这些陈述说明相关变量之间的因果关系。说明性研究的最终目的是控制自然事件和社会事件。

说明性研究的逻辑遵循说明和预测的演绎—法则模式和归纳—概率模式(Gunnell, 1975)。根据演绎模式,说明以如下形式进行:如果 P 发生,则 Q 发生;若已知 P 已经发生,则"Q 将发生"的结论就演绎出来;当然,假定情境是确定的。大前提是陈述因果关系的规律式概括:"如果 P,则 Q。"小前提是对条件的陈述:"P 发生了。"结论"那么 Q 发生"既是说明同时也是预测。Q 的发生可以通过陈述 P 已经存在来说明,同时,知道 P 的存在可以预测 Q 的发生。演绎性说明将事实置于规律式概括之下,而预测则用这种规律式概括去预测特定事件的发生。规律式概括被称为覆盖律,用"法则学"这个词来表示。

演绎—法则学的说明是说明性社会科学的理想模型。然而,它从未以任何宏观的方式实现过(Bernstein, 1976)。说明性科学在建立宏大理论以说明社会的、心理的、政治的或经济的状况或事件时没有成功过。[因为]绝不存在任何说明社会状况或事件的普遍规律。然而,实验或准实验研究设计的行为可以遵守演绎—法则性说明的逻辑,但建立不了任何宏大的理论。这导致大批说明人类行为的某些事例的微观演绎—法则性理论的出现。一些说明性社会科学家遵循罗伯特·默顿（1967）对中层理论——它以或多或少系统的方式把有限的概括与经验命题联系在一起——的呼吁。但是，即使中层理论也很难在公共行政学中看到（Perry，1991）。

归纳性说明采用统计概率规则，说明"在构成随机实验的某种条件下，某种结果将会以特定的（通常较高的）比率发生"（Fay，1975，p. 36）。当前提发生后，它们为某一事件已经发生或将会发生的结论提供归纳性支持。例如，经验可能告诉我们 P 通常在 Q 发生后出现，但并非总是必然如此。这样，假定 Q 发生了，我们可以期望 p 将发生，但并非总是如此。雨后有时会出现彩虹，但并非总是这样。我们的归纳经验允许我们说彩虹有时在雨后出现，但是，我们不总是有把握。一般地说，归纳性说明从对实际事件的观察中推断同一类或相似的事件——假定存在某种条件——将来会发生的可能性。

说明性研究——无论是演绎还是归纳——的有效性通常取决于遵守公认的方法论准则。例如，在大多数科学进步都经历过的编辑审查过程中，研究由同行评议。他们会问下述问题：正确地陈述了假说吗？它们与现存的知识体系有逻辑的关联吗？使用了正确的实验或准实验设计吗？如果使用了测量工具，它是有效的吗？样本的大小适合对更大人口数量的概括吗？使用了正确的统计技术来得出结论并检验假说吗？等等。大多数主流科学家都很少会超越方法本身的维度去探讨评价知识要求的有效性的哲学基础。

布莱安·费（Brian Fay，1975，1987）提出了一种实用主义的真理理论。它把知识要求的有效性（the validity of knowledge claims）与影响我们的自然状况和社会状况变迁的潜能联系在一起。控制是评价说明性研究有效性的标准。演绎模型与归纳模型都提供了使对事件的预测成为可能的说明。预测事件是否发生的能力形成控制事件的潜能。然而,既然我们可能不具备实际控制事件的必要资源和技术,那么,控制就是评价说明性研究的有效性理想标准。例如,我们可以预测飓风的路径,但我们确实无法阻止它或改变其进程。因此,证明说明性研究的有效性始终假定了在原则上可能产生控制的可预测性。

主流的行政研究文献——尤其在组织行为学研究和组织理论中——充斥着运用说明的演绎模型或归纳模型进行实验或准实验研究设计的例子。说明仍然是公共行政学最规范的研究模式（Cleary, 1992; Houston and Delevan, 1990; McCurdy and Cleary, 1984; Perry and Kraemer, 1986; and Stallings and Ferris, 1988）。许多学者认为说明性研究是某一领域或某一学科发展积累性知识体系的最快捷的方式,而有些人忽略了解释性和批判性研究能够作出的贡献。（这里）存在着一种把解释性和批判性研究贬低为"软科学"的倾向,这部分地是由于没有充分地理解其方法及其有效性标准。

解释性研究

解释性研究立足于语言分析哲学、解释学和现象学的哲学传统。① 它们的思想传统虽然不同,但是都共同关注理解行动而不是说明行为。它们对解释性研究逻辑的贡献将分别简要地加以概述。

分析哲学家把说明科学语言和日常语言的逻辑结构当成他们的任务。他们认识到有些陈述具有一种以言行事的力量（an illocuc-

---

① R. J. 霍华德（R. J. Howard, 1982）全面地并富有洞见地讨论了对作为解释理论的解释学作出贡献的哲学和社会理论。

tionary force）（Searle，1969）。换言之，有些陈述反映诸如"做"、"给"、"拿"之类的行动。因此，通过语言的运用，人们能够意向性地采取充满意义的行动。那些意义是分析哲学家解释的主题，他们试图澄清普通语言或科学语言的逻辑。

解释学是历史、宗教、艺术、法律和文艺中关于解释的理论。[①]它是解释文本或类似文本物意义的艺术和科学，它提供一般原则以确定对意义解释的有效性。第七章将指出解释学的解释原则如何能运用于获得对行政和政策背景中的社会行动的更好理解。

作为一场哲学运动，现象学难以用直截了当的方式来界定，因为不同的现象学家采用的路径是不同的。[②] 然而，可以一般地把它界定为这样一种哲学运动：它试图不借助来自其他学科——尤其是自然科学——的理论或假定，描述呈现于人类意识中的经验结构。人们也可以把"生活世界"和"意向性"看成是几位现象学家的共同主题。

埃德蒙德·胡塞尔（Edmund Husserl，1931，1970）被认为是现象学的创始人，他主张在客观事实的科学世界与生存经验的生活世界（lebensvelt）之间作出区分。生活世界是我们平常的、普通的、日常生活的生存世界，它先于系统地对那种生存的科学考察。现象学的任务之一是理解自己和其他人的生活世界的意义，而不用把那些意义当做客体或把先在的理论强加于其上。胡塞尔还主张，当人类从事意识活动时，那些活动总是意向性活动。意向性活动必须被

---

① 理查德·帕尔默（Richard Palmer，1969）对施莱尔马赫、狄尔泰、海德格尔和伽达默尔的解释学理论作了广博的介绍和综合。

② 约瑟夫·J. 柯克尔曼（Joseph J. Kockelmans，1967）出版了一部论文集，清晰地介绍了胡塞尔的现象学。理查德·赞纳（Richard Zaner，1970）全面地讨论了作为一种哲学运动的现象学。

理解为不同于受动行为（caused behaviors）。胡塞尔关于生活世界和意向性的见解为其他现象学家例如阿尔弗雷德·舒茨（Alfred Schutz, 1967a, 1967b）及莫里斯·梅洛－庞蒂（Maurice Merleau-Ponty, 1962, 1969, 1974）——他们的思想对社会学家哈罗德·加芬克尔（Harold Garfinkel, 1967）的常人方法论和人类学家克利福德·吉尔茨（Clifford Geertz, 1973）的民族志这两种流行的解释性社会研究路径产生了影响——所共有。这些哲学传统培育了一种与说明性研究的实证主义基础迥然不同的社会研究路径。

与寻求对行为的因果说明不同，解释性研究增进我们对社会环境中的行动者的信念、意义、感受和态度的理解。① 例如，为了说明某个特定的工作丰富化方案（job enrichment program）为何未能取得提高生产力的预期效果，作说明性研究的人可能会进入现场，考察关于激励和工作设计的现有假说，通过实验或准实验设计检验它们，并得到关于该方案失败原因的结论。一个寻求理解的研究者则可能会进入现场，询问工人们对于该方案的想法、该方案对他们意味着什么、他们在做什么以及为什么做。研究者甚至会问为什么他们认为方案失败了。其目的是为了发现该方案的意义：它怎样与先前的规范、价值观念、规则和社会实践相适应；方案怎样与先前对社会处境的界定相冲突；会出现什么样的规范、规则、价值观念、信念和社会实践；人们在现场对方案会想到什么和感受到什么。因此，解释性研究寻求不仅增进研究者而且增进那些参与现场的人对社会处境的理解。

---

① 对解释在文化科学和社会科学中的作用的一般性讨论可参见多尔麦和麦卡锡（Dallmayr and McCarthy, 1977）、奥特魏（Outhwaite, 1975）和拉比诺与沙利文（Rabinow and Sullivan, 1979）。

第三章 三种研究模式

解释性研究关注人们在调节其互动的规范、规则和价值观念之上赋予的意义。注意力不是放在把先前对规范、规则和价值观念的理解强加在世人身上,而是放在从他们的观点出发理解他们的信念和行动。要点不仅放在他们直接告诉我们的关于信念和行动的理由之上,而且放在支撑它们的社会实践之上。社会实践给予社会行动以意义。

解释的逻辑遵循解释循环,即意义产生于对整体与部分之间关系和模式的认知。这是个参照比较的过程,其中对某物的理解是通过将之与已知的某物进行比较而得到的。它是这样一种逻辑:在其中,整体界定部分而部分反过来又界定整体。所以,解释的逻辑是循环的,而不像演绎模型和归纳模型那样是线性的(Geertz,1973;Palmer,1969)。

解释性研究的目标是在研究者和行动者之间增进相互理解,在行动者之间增进自我理解(Apel,1977,p.429;Habermas,1971,pp.161–186;McCarthy,1978,p.56)。这可以通过面对面的口头交谈、书写或借助其他媒介达到。无论相互理解和自我理解是如何实现的,它们都假定了话语的可能性。

解释既涉及探究也涉及表达。解释性研究的每个阶段都由方法论标准来支持。在探究过程中,解释要求沟通性互动:在研究者和行动者之间实现成功的对话(Fay,1975,p.82)。例如,任何一个在不熟悉的组织环境中作实地研究的人都必须从行动者的观点出发理解组织。这需要学会对组织成员具有特殊意义的关于先前事件的新缩写词、语词或故事,还要从他们的观点来理解意义。还需要把意义放在其他意义背景下以更好地理解组织的更广阔方面。在成功的对话中,研究者和行动者以同样的方式谈论行动者的信念、价值观念、行动和处境。因此,"正是参与沟通性互动的能力界定了什么算是解释性社会科学的真理"（p. 83）。

例如，从事当地工作培训项目的人用一个不同寻常的词描述对他们非常真实的事——精选（creaming）。它是指找到一个客户，把他安排进一个工作培训项目里而不管这个项目是否会增进他的技能。其意图是使培训者在资助机构眼里看上去不错，并增加培训者的收入。客户的利益无关紧要。精选（creaming）对年龄稍大一点的人来说是一个明显的隐喻，让人想起瓶装牛奶（bottled milk）。解释者的任务是向工作培训系统的成员陈述他对这个词的理解，以核查从工作培训系统成员的观点来看研究者的理解是否正确。一旦达到了相互理解，这个词的意义就可以在培训人员的利益和客户的利益之间冲突的更广阔的背景下展现。

从说明性研究众所周知的标准来看，说解释性研究的真理是依靠在沟通中获得相互理解和自我理解来取得的，这听起来有点奇怪。然而，幸运的是，解释性研究有着清晰却不太为人所知的标准。第六章探讨文艺解释的逻辑应用于我们对社会行动的理解，在那里会详细地说明这些标准。

下面关于组织研究中的争论的讨论有助于凸显说明性研究和解释性研究的不同。1983年弗兰克·布莱克勒和柯林·布朗（Frank Blackler and Colin Brown）描述了英国壳牌石油公司的某些重大的组织变迁。他们的研究是一种质性的解释而不是关于变迁的原因、变迁如何发生以及结果是什么的定量说明。

布莱克勒和布朗的报告受到截然不同的评论。有一个期待说明性研究发现的评论者称："我为自己是一个行为科学的同行感到尴尬。这不是说你们的结论对或错，而只是说你们的数据太单薄。你们做的社会科学不会有人愿意出版"。（p. 351）这位评论者不在意结论是否有道理（plausible），而只在意没有运用说明性研究。另一位

第三章 三种研究模式

评论者声称：

> 从个人的观点看，你们对壳牌公司的研究太出色了，你们强调了几年来我对引入变迁的长远得失的关注。随着你们写的故事的展开，我每读一段都（深思熟虑地！）轻声地笑了。早在1968年，当我听说壳牌公司的进展时，我就有所考虑和保留，并这样说了。……但允许我再重复一遍，你们的作品……是我读过的最好作品，我希望你们了解这一点。（p.352）

这篇赞成的评论出自一位把他们的报告当做故事的评论者。这位评论者甚至把它称为故事，还评论它如何有效地肯定了他或她自己的经历。显然，这位评论者觉得他们的故事合情合理。沟通性互动建立起来了，相互理解实现了，知识共享了。当代最主要的解释学哲学家汉斯—格奥尔格·伽达默尔（Hans-Georg Gadamer, 1975, 1977）可能会把这种相互理解的实现解释为"视界融合"，在其中，这位评论者的"偏见"和"预理解"与布莱克勒和布朗的"偏见"和"预理解"混合在一起形成了一种解释意义上的解释。

对解释的检验是进一步的解释。第七章我将说明文艺批评家和解释性研究者都必须作出解释，都必须为他们的解释是否有道理（plausiblility）提供能被接受的理由。当解释之间发生冲突，必须提出能被接受的论据支持一种解释高于另一种解释。最后，在更好的解释出现之前，某种解释就是正当有效的。在第七章我们会看到，更好的解释一般是更全面的或更有道理的（plausible）。解释性研究与文艺批评在实践的话语中有共同的基础——论证、协商和争论——以获得对解释的意义的共识。实践话语的重要性将在第四章和第五章讨论，它是任何知识要求的基础之一。

对解释性研究的表述就像讲一个好故事。故事是一系列带有假说和概括特征的陈述。它们不仅包含事实而且包含价值观念。赖因（Rein，1976）在把政策分析重塑为讲故事时认识到这一点，他指出由于事实和价值观念都在场，通常就难以确定故事的有效性。他还说到，验证的规则部分地是美学的，部分地是逻辑的。它们之所以部分地是美学的、部分地是逻辑的是因为它们来自文艺解释理论，在第七章我会指出这一点。

在非常类似于讨论政策分析故事的有效性标准的时候，赖因说："故事应该是我们所能提出的最简单的、最全面的、具有内在一致性的说明，它也应该与对相似事件的可能说明相一致。"（p. 77）他进一步说明政策故事是局部的说明，它们有待于讲述更多更好的故事来加以修订。

当杰弗里·维克斯爵士（Sir Geoffrey Vickers，1965）把政策分析和行政过程描述为制定由事实判断和价值判断构成的"鉴赏系统"（appreciative systems）时，他就了解了这一点。鉴赏系统指导我们的信念和行动。维克斯主张，它们只能被进一步的判断行动改变。在相似的意义上，我主张它们能被进一步的解释所改变。后来，舍恩与赖因（Schön and Rein，1994，p. 23）也发现维克斯的"鉴赏"观念与他们的"框架反思"理论（这是一种后实证主义的对决策者在决策过程中所运用的逻辑进行描述的尝试）的联系："我们认为政策立场立足于信念、感知和鉴赏的底层结构——我们称之为'框架'——之上。"使用"鉴赏"这个词是为了表示对维克斯的敬意。他们把决策看做是在理解不良的政策问题上安置框架，这样来讨论决策就极大地依赖于讲故事。

解释增进研究者和行动者对社会处境的理解。这样的研究由其自身的探究和表达的方法论标准所支持。它们不同于说明性研究的标准并引导研究者以不同的方式行动。大体说来，解释性理论像一个好故事。一个好的解释性理论很简单，可以被那些它所针对的人容易地理解。它足够广博，可以涵盖它所针对的相关处境和行动者。在不包含矛盾的意义上，它内在地连贯一致。它也应该与对相似处境的可能解释相一致。最后，它应该遵循探究和表达的标准，从而容许交互主体性的证据，以及根据进一步的解释行动对解释性理论的检验。可是，解释不会自动导致社会的变迁。

启发解释性研究的哲学传统影响了文化人类学家或历史学家，一些组织理论家采用了他们的立场。他们试图理解而不是说明组织文化（例如，Brown and McMillan, 1991; Gabriel, 1991）。尽管可以把规范、价值观念、信念、社会实践、故事、历史之类的文化现象看成是客体，但是这样做时无法像解释性路径那样把握组织的实在。那些从事解释性研究的人关注这些及其他文化现象对组织成员的意义以及这些意义如何界定生活于文化之中的人们的现实。

批判性研究

批判性研究的目的是帮助人们克服自由与发展的束缚。束缚以对现实的误解和虚假信念的形式出现，并使人们采取与他们的利益相矛盾的行动。束缚由歪曲的沟通和社会秩序的结构性冲突引起，它们阻碍人们认识并满足其真实的需要、欲望和意图。因此，批判性研究假定人们会误解他们自己及其处境，对于什么符合自己的利益会受到蒙骗。在批判性研究中，理论的作用是揭示信念和行动受到的束缚，并促使行动者改变其虚假信念和处境以追求自己的自由和发展。这需要根据行动者的观点来理解行动者的处境，需要与相关的行动者交流这种理解。因此，批判性研究依赖良好的解释性理论。

支撑批判性研究的许多观念来自当代批判理论——法兰克福学派的新马克思主义意识形态批判——和弗洛伊德的精神分析。① 这些传统共同关注反思和自我反思，以帮助人们克服其社会、经济、政治状况受到的意识形态束缚和精神存在受到的无意识束缚。

批判性研究试图改变人们的信仰和行动，希望通过使人们意识到信仰和行动的无意识决定因素来满足人们的需要和欲望（Guess，1981，p. 61）。批判性研究"认识到在我们自身的努力和社会状况——甚至那些只是模糊地为我们所意识到的状况——所强加给我们的限制之间存在着某种紧张。理论的作用就是揭示这些矛盾，从而允许我们追求自己的自由"（Denhardt，1984，p. 167）。或者说，批判指出真与假、善与恶之间的不一致，它驱使我们按照真与善行动。

批判性研究的逻辑是自我反思："在与某一客体、人或社会处境的关系中反思自己的思想和行动的能力。它是一种被引向某物并同时在该引导过程中也意识到自我的特殊品质。"（Denhardt & White，1982，p. 166）这种关系是对事实和价值进行判断的基础——是认识事情并不总是如它们的外表那样，因而应该以不同的角度来理解的

---

① 20世纪30年代，一群哲学家和社会理论家创立批判的社会理论的法兰克福学派。该学派的一些主要成员，例如，西奥多·阿多诺、马克斯·霍克海默和赫尔伯特·马尔库塞（Theodore Adorno, Max Horkheimer, and Herbert Marcuse）共同关注新马克思主义的意识形态批判。阿拉托和格布哈特（Arato and Gebhardt，1978）全面地考察了该学派的思想史。虽然哈贝马斯（Habermas，1983，1987）、吉登斯（Giddens，1976）和阿佩尔（Apel，1977）对当代批判理论的某些观点不同，但是，他们最全面地阐述了这种研究类型的逻辑。莫罗（Morrow，1994）全面地讨论了批判理论从法兰克福学派早期的发展到当代哈贝马斯与吉登斯理论之间的相同与差异之处。

第三章 三种研究模式

基础；或者说是认识事情并非如其应然，因而为了相关者的利益应该加以改变的基础。说某事是真或善就假定了它可以与某些假或恶的事相关联。如果不建立这样的关联，就无法作出批判性判断，而它们只能通过认识某人对某事的想法和感受来判断。这就需要建立一种自我反思关系，在其中，人们在与所关注对象的关系中看待自己。

批判性研究的有效性标准在于理论与实践之间的关系。它与研究者和行动者相关。批判理论的真理在于满足人类的目的与愿望。这意味着批判性研究理论"不可避免地由——除了其他东西之外——关于这样的理论如何才能转译为行动的说明构成，而这意味着这些理论的真假部分地由它们在事实上是否转译为行动来决定"（Fay，1975，p.95）。因此，批判性研究的真理在行动者采取行动改变他们的处境时得以实现。

确立批判性理论的真理必须满足其他几个条件。批判性理论建立在解释性研究的基础之上，它用解释或故事的形式描述行动者及其处境。该故事必须向行动者传达。他们必须反思它并能够理解它。他们必须从事批判性的自我反思——"一种被引向某物并同时在该引导过程中也意识到自我的特殊品质"（Denhardt & White，1982，p.166）。因此，行动者必须联系［批判性理论］提供给他们的解释，反思他们自己的信念、行动和处境。只有被引向特定的解释和他们自己的解释，行动者才能决定他们的信念、行动或处境是否需要改变。此外，批判性理论必须说明行动者的处境如何产生，他们的信念和行动为什么是不恰当的。它还必须说明改变处境需要做什么，或者说明什么信念和行动是恰当的（Fay，1975，Chap.5）。

为了说明批判性研究如何以适当的方式并小规模地进行，我们来想想组织发展顾问的作用。顾问运用行动研究的模型——它与批判性研究有许多共同之处（第六章将加以说明）——尽力帮助客户更好地理解组织的现状。他努力按照组织成员的观点来看组织并以解释或故事的形式把那些观点转译给组织成员。在此过程中，组织成员会获得对现状的不同理解——这种理解可能更接近现实。在此过程中，假如客户在新的共享的理解中找到了阻碍他们提高效能的东西，他们就会采取行动改变组织。

这就是批判的"教育作用"（Fay，1975，p.103）。目标不是要求研究者或顾问运用主流的法则和技巧解决问题，而是帮助行动者以新的方式理解他们自己及其处境，并帮助他们以服务于自己利益的方式自己采取行动来改变其处境。这与福雷斯特（Forester，1980a，1980b，1981，1982a）的规划是"引导注意力"的观念，以及布莱克勒和布朗（Blackler and Brown，1983）在评价壳牌石油公司变迁时的经历相一致。它也与布赖森、冯·德·文和罗伊林（Bryson，Van de Ven，and Roering，1987）坚持讲故事在使管理人员采取策略行动中的重要作用的观点相一致。

这些例子显示批判性研究需要研究者和行动者之间存在密切的关系。然而，这并非总是必需的。批判性研究以书面的形式呈现可以供更多的读者阅读。它不一定非得只与牵涉少数人的特定介入捆绑在一起。例如，假设某个教育者读过大卫·舒曼（David Schuman，1982）对高等教育的批判。它是对学生在教育机构的个人经验故事进行现象学的解释。这些故事与教育者的传统智慧大不相同。如果教育者由于他们阅读了学生们的故事而对其作用有不同的理解，如果他们由于对学生们的经验获得了新的理解而采取不同的行动，批判性理论的教育作用就得到了发挥。这样，就实现了舒曼批判的真理。

批判是三种研究模式中最为激进的模式，因为它质疑我们最基本的假定，并要求我们对它们作出评价以作为行动的基础。批判性研究并非总是能够使批判者满意，也并非总是能改变信念和价值观念，但是，它具有这种潜力。当人们陷入对现实的误解，或当社会或组织的规范结构压制他们对自由和自主、增长与发展的需求时，最适于运用批判性研究。

基 础

虽然后面的章节将更详细地说明每一种研究模式的哲学基础，但在这里还是要简要地讨论哈贝马斯、费和罗蒂对每一种研究模式的逻辑所作出的贡献。哈贝马斯和费关注所有知识要求的基础，罗蒂则反对任何寻找知识基础的传统哲学企图。

哈贝马斯可能是当代最有影响的哲学家和社会理论家。他在其奠基性著作《知识与人类旨趣》中勾勒了三种研究模式。他评述说三种研究模式存在已久，他要说明每种模式的基础，不过，他的说法根本不能令人满意。他假定每一种研究模式都归属于两个领域：人类学领域和"准先验"领域。人类学的基础是承认人类在历史的、文化的，也许还在生物的意义上有说明性控制、解释性理解和解放性批判的旨趣。这使哈贝马斯把他对三种研究模式的片面说法直截了当地安置于启蒙运动传统之中。的确，他是现代性的坚定捍卫者——尤其是在坚持所有知识要求的理性基础方面。

哈贝马斯（1971）还主张三种研究模式出自于"准先验"领域可以发现的"旨趣"。这使他处在先验哲学的启蒙运动传统——它主张存在独立于任何感觉经验、只需依靠理性就可发现的"普遍真理"——之中。伯恩斯坦（1976，p.220）说："哈贝马斯没有确定这些旨趣的精确的认识论地位,甚至没有确定这三种主要旨趣存在这一主张的地位。"卡米拉·斯蒂福斯认为每一种"知识的构建旨趣"的先验基础在于每一种旨趣都有其自身的逻辑关联。因此,控制同说明逻辑地联系在一起,理解同解释逻辑地联系在一起,解放同批判逻辑地联系在一起。因此,声称说明性研究对控制不"感兴趣"就是逻辑矛盾。正是这种逻辑关联先验地构成每一种研究模式的基础。①

实证主义者、大多数后实证主义者及大多数后现代主义者和后结构主义者都拒斥先验领域的观念。哈贝马斯(1983,1987)也从这一立场后退。在后来的著作中,他移向沟通行动理论,希望把每一种研究模式的基础放在语言和话语之上。第四章将评述他的沟通行动理论。

费(1975,1987)虽然没有批判地引述哈贝马斯的"准先验的"基础主义,但他从另外一个角度探讨了基础主义的问题。费本人是一位后实证主义的语言分析哲学家,也是实用主义的坚定拥护者。作为分析哲学家,他接受说明性研究、解释性研究和批判性研究的语言学逻辑[的说法]并清楚地指出了它们在三种研究模式中如何起作用。作为实用主义者,他把每一种研究模式的有效性要求与它们在科学实践中得到实现的可能性联系在一起。也就是说,他把有效性要求与每一种研究模式都有可能实现其目标的观念联系在一起。例如,预测飓风的发生是可能的,但不可能控制飓风,因为我们缺乏这样做的技术。然而,预测的能力给控制带来了希望,即使我们手头上现在还没有实现它的工具性手段。在类似的意义上,我们能够从社会行动者和群体的视角理解他们的意图和意向,但是,

---

① 人际沟通,1998年12月10日。

第三章 三种研究模式

我们可能没有传达给他们这种理解的手段。然而，在类似的意义上，我们可能有能力启发行动者认识到束缚他们发展的因素，但采取行动解除这些束缚却是他们的责任。

罗蒂（1979，1991）是一位反基础主义者。他认为先前把知识要求的有效性建立在某一先验领域基础上的所有努力都是浪费时间。正如在第八章我将说明的那样，他宁愿要我们把对真理的追求看成是那些有共同的语言、社会实践和文化规范的研究者共同体内部的不断对话。

哈贝马斯的沟通行动理论、费的实用主义有效性理论和罗蒂关于对话的观念只是三种研究模式的部分基础。为了更全面地理解与公共行政相关的知识类型，我们需要考虑一种关于人类推理和合理性的扩展理论、后现代主义的真理共识理论和作为叙事的知识的后现代理论。

总　结

本章初步地勾勒了说明性研究、解释性研究和批判性研究。分别指出了知识要求的目的、逻辑结构和基础。后面的章节将增加对其哲学基础的理解。下一章将特别讨论运用于每一种研究的理性模式。

第四章　行政推理和法律推理：理解说明性、解释性和批判性的合理性

　　三种研究模式由三种推理模式来支持。支持说明性研究的演绎推理和归纳推理被相当贴切地理解为工具性推理理论。令人遗憾的是，大多数说明性社会科学家忽视了解释性和批判性推理的逻辑。在此，我的目的是说明解释性和批判性的逻辑并把它与工具性推理的逻辑相比较。我不直接地对这些推理模式作哲学的讨论并指出某些明显的相似之处，我要讨论的是它们在行政和法律实践中的运用方式。

　　我先提出工具性推理理论——它在行政决策、政策分析、社会工作和其他与实践相关的领域几乎是普遍地约定俗成的——接着讨论其结构性局限。我借用一个行政案例研究以引入解释性和批判性推理，然后讨论作为法律推理范例的每一种推理模式，并指出法律推理与解释学及批判性理论之间的平行关系。最后，我将强调它们对公共行政理论发展和运用的意义。

　　我采取这种路径是因为我谈论的是人们如何推理。无论是从事法律、行政还是研究，每一种推理模式都是同样的，只是背景不同而已。我特别着重于行政环境下的推理以表明公共行政使用的推理类型与研究者使用的推理类型从根本上说没有什么不同。

第四章 行政推理和法律推理：理解说明性、解释性和批判性的合理性

工具性推理

自 20 世纪初引入科学管理和官僚组织理论以来，行政的理性化就成为理论家和从业者持续不断的关注所在。有两个假定激发了这种关注：一个假定是行政思想和行动的改进可以引起行政过程——尤其是决策——的改进。另一个假定是，要改进行政思想和行动，没有比使其更具合理性更好的方式了。

在主流文献中，虽然有几个尚可接受的合理性定义，但它们大多数与工具性推理理论相关。在这种理论中，如果遵循演绎推理的规则来估量实现既定目的的工具，则思想是合理的；如果遵循规定的规则来调整实现既定目的的工具，则行动是合理的（Horkheimer, 1947）。这种理性和合理性的形象似乎适合于行政人员，因为它典型地表现出把事情搞定（这是管理的全部）这一行动的特点。

令人遗憾的是，工具性形象不能说明在识别和选择手段与目的过程中其他思想和行动的模式。它忽略了这样的事实：人们参与了确定所追求的目的及确定为实现目的所使用的手段的过程。也就是说，工具性形象把手段与目的当做是既定的，对它们的形成，决策者置身事外。因此，行政的理性和合理性形象不能说明构想手段与目的的逻辑，不能说明选择它们的合理基础。

对于追求什么样的目的和运用什么样的手段进行决策是政治判断、法律判断和道德判断的问题，它们属于实践话语领域。实践话语包括对什么是真或假、善或恶、对与错以及对应该欲求什么的讨论、争辩、协商和论证。不幸的是，行政人员在没有理解相关推理类型，或者没有理解实际思想和行动合理性的判断标准的情况下，

经常卷入实践话语。大量的行政理论把实际的思想和行动看成是直觉的或主观的,因而是非认知的、非描述的或非理性的。结果很少注意在实践话语的背景下确定手段和目的的过程,很少了解行政人员作出的规范判断、政治判断和道德判断的逻辑。

幸运的是,有其他关于理性与合理性的理论来说明确定手段和目的的过程。解释性推理描述这样一种思想和行动类型,它们涉及理解什么手段和目的对决策者来说是可获得的。解释性推理的合理性取决于决策者之间的成功对话。批判性推理描述需要在相互竞争的手段和目的之间进行选择的思想和行动。批判性推理的合理性取决于所选定的行动方针是否产生增长与发展的机会。两种理论都来自解释学、法律理论和批判理论。如果接受在这些哲学传统中发展出来的解释性和批判性的理性逻辑,实践话语就可以恢复为有效率的、有效能的和合乎道德的行政合法性基础。

理性模型的结构性局限

行政决策一般按理性决策模型来描述:当面对一个问题,决策者应该(1)找出指导决策的目标、价值观念或目的;(2)把它们按照重要性排列;(3)找出处理问题的可供选择的做法和每种做法的后果。(4)权衡每一种做法及后果的成本和收益;(5)选择最佳地实现适当目标、价值或目的的做法。① 这是对理性决策逻辑的重

---

① 公共行政学、管理学、组织理论和政策分析方面的不少理论家已经概括了理性决策的逻辑。虽然在这些概括中的步骤有细微的差异,但是,逻辑结构是相同的。这里提出的概括是根据约翰·安德森(John Anderson, 1979)对公共决策的讨论改写的。

第四章 行政推理和法律推理：理解说明性、解释性和批判性的合理性

构。在实际决策时，很少有人会亦步亦趋地遵循每一步骤。

批评者指出，这个模型要求的全面搜寻过程通常是不实际的、不可能的或用不着的。赫尔伯特·西蒙（Herbert Simon，1976）主张"满意"［原则］；查尔斯·林德布鲁姆（Charles Lindblom，1959）提出"渐进主义"；阿米泰·埃齐奥尼（Amitai Etzioni，1967）提出"混合扫描"（mixed scanning）路径。这些对理性决策的替代性表述每一个在某种程度上都放松了正规模型的某些严格要求。大体上说，每一种表述都承认，为了解决问题而搜寻或考察所有可能的行动通常是不可能的或不实际的。然而，在每一种替代性表述中，思想和行动的内在的手段—目的逻辑仍然是同一个。

理性模型在公共行政学、经济学、政治学、管理学、组织理论、组织行为学、规划、社会工作实践中是共有的。在亚里士多德（1953）的三段论、托马斯·霍布斯（1968）的"现代理性"即"推定后果"的界定、古典经济学的"经济人"模型、杜威（1910）对"我们如何思想"的讨论，以及西蒙（1965）的决策阶段论中可以找到其思想根源。理性模型渗透于以官僚制的形式出现的社会组织，支配我们的经济制度，成为政治行为的特征（Adams，1992；Hummel，1994）。它还是专业的决策、政策制定、政策分析、项目评估、财政管理、预算、组织理论和组织行为学课程常教的"适当的"推理模式。

理性模型是一种工具性推理的形式。它着眼于调整实现目标的手段或遵循达到目标的规则。它既涉及思想也涉及行动——但只是在有限的程度上。工具性推理的标志是演绎地推算实现目标的正确的手段的能力，"正确的"通常指完成某事的最有效率或最有效能的方式。工具性行动的标志是遵循规定的规则或程序调整实现目的的能力。工具性思维的合理性由是否找出正确的手段来确定。工具性

行动的合理性由是否遵循正确的规则和/或是否实际地达到了"正确的"目的来确定。

理性模型当然假定人是理性的。（然而）他们常常并不是这样的，因此该模型没有把握到与个体或组织发挥职能相关的某些行为。克里斯·阿吉里斯（Chris Argyris）与赫尔伯特·西蒙在1973年争论过这个问题。阿吉里斯（Argyris, 1973a, 1973b）强调理性模型在把握范围广泛的行政行为能力方面是有局限的。它没有说明个体或组织的那些并非指向目标的情感行为，例如，心理退缩或防卫。阿吉里斯认为，这样的行为与我们对人和组织的理解高度相关，但是，由于它不符合理性模型的结构或说明性研究的逻辑，因此会被忽视。同时，阿吉里斯坚持，对非理性行为的说明必须在组织行为理论中把握，但不是按照西蒙规定的合理性模型。

西蒙（Simon, 1973）反驳阿吉里斯说，这样的行为是由激励理论来讨论的。按其含义，这样的理论扩大了理性模型，但它们实际上是模型本身的一部分。换言之，激励理论可以说明非理性的行为，但理性行为应该是理解行政行为的基础。因此，西蒙主张非理性行为可以通过说明性研究模式的运用而理性化。这样做，它们作为非理性行为的事实就可以符合理性模型的逻辑。

然而，理性模型存在更为根本的局限。它没有说明决策者如何找出问题、发现目标和备选方案以及选择他们的逻辑。在关于决策的行政学文献中至今还没有任何与行为科学相反的哲学说明。结果，许多行政思想和行动没有从哲学的视角来说明。

理性决策模型来自亚里士多德（Aristotle, 1953）的实践三段论。对亚里士多德和后继的哲学家来说，同理论论辩相对的实践论辩涉及适当行动的目的。它不是关于真理而是关于预定行动的善。〔实践〕三段论采用下面的逻辑形式：要追求的目的是X；Y类行动

第四章 行政推理和法律推理：理解说明性、解释性和批判性的合理性

往往实现 X；Z 是一个 Y 类行动；因此，如果 X 是所期望的，那么，就应该做 Z。假如简化理性决策模型的步骤，它们就可以归结为一个大前提（需要解决的问题）、一个小前提（解决问题的行动）和一个结论（行动的指令）。三段论将告诉你什么样的行动方针在推论上是正确的（correct），但是它不会告诉你你的行动是否合适（right），因为其中包含的价值陈述可能是错的或不适当的。换言之，三段论的逻辑结构没有告诉决策者要珍视什么样的目的，或什么样的备选方案比其他备选方案的结果更值得珍视。这些判断必须在三段论之外按照其他推理模式作出。因为理性模型的逻辑结构来自三段论，所以，它本身无法单独告诉决策者追求什么样的目的，或选择什么样的手段。因此，理性模型的结构本身限制了行政决策的合理性。

阿吉里斯（Argyris，1981）、舍恩（Schön，1983；Schön and Rein，1994）和西蒙（Simon，1973）承认行政环境下推理的重要性，但是，他们对其他理性思想和行动的设想难以摆脱科学的视角。西蒙仍然墨守工具性的思想和行动，但按照行为科学关于创造力和直觉的形象谈论理性。阿吉里斯和舍恩试图以心理学的术语描述非工具性的思想和行动。西蒙意识到，在确定手段和目的时涉及其他思想和行动的模式。在回应阿吉里斯时，他赋予理性在设计未来中以显著地位：

> 在我的阿波罗尼亚世界，理性是自由和创造力的侍女。正是工具使我拥有我的猫和狗无法想象的顶峰经验。正是工具使我和我的同胞创造可以满足我们基本需要的环境和社会，从而我们所有人——不只是少数人——可以体验到某些更深层的感官和精神的愉悦。而由于我们如此严重地依赖理性去创造或维

持人类世界，我们看见了更好地理解理性的需要——建构经得起检验的关于理性人理论的需要。(p. 352)

这样诉诸理性似乎是错位了，因为西蒙的经得起检验的理性人理论受到工具性选择的限制。

西蒙（Simon，1973）的理性意象无法在理性模型中把握。在理性模型中绝不存在任何允许顶峰经验、梦想和感官及精神的愉悦的东西。西蒙想象出一种比仅仅调节手段以实现目的更宽泛的理性观念。人们弄清楚其生活的意义的努力尤其重要。当西蒙声称："理性在社会制度中起着双重作用。它是使制度有效能地朝目标行动的工具，也是人借以领会世界及其自身生活、理解它们并赋予它们以意义的工具"（p. 353）时，他认识到了这一点。把理性称为工具和手段保留了工具性理性的意象，但是，西蒙设想的理性的其他作用显然是要求实践话语的解释性和批判性的任务。

西蒙（Simon，1983）在《人类事务中的理性》中曾试图厘清理性的作用："我们认定理性全然是工具性的。它不能告诉我们去哪儿，充其量只能告诉我们如何去。它是一把供租用的枪，可以用来服务于我们设立的任何好或坏的目的。"（pp. 7 - 8）他承认存在某种被称为直觉的推理模型，它"假定大量的人类思维和大量的人类作出正确决定的成功事例都是由于他们拥有良好的直觉或判断"（pp. 23 - 24）。但是，与他对实证主义的忠诚相契合，他主张直觉的推理模型"事实上"是"行为科学模型的构成部分"（p. 35）。对西蒙来说，理性不是关于人类智力的某种哲学观点，而是一种行为科学的实在——即使这种实在在西蒙那里取决于一种狭隘的关于理性和合理性的哲学意象。由于坚持行为科学的想象，西蒙就看不到可以被表述为解释性和批判性推理的其他理性模式——而并非必然地

第四章　行政推理和法律推理：理解说明性、解释性和批判性的合理性

是直觉理性——的逻辑。

阿吉里斯和舍恩分别地或者有时共同地阐述了讨论非理性行为的概念和理论。其中包括模型Ⅰ行为和模型Ⅱ行为、单循环学习与双循环学习、实践认识论和行动中的反映（Argyris，1981；Argyris and Schön，1978；Schön，1983）。这些概念和理论是他们对非工具性行为模式——例如自发性、感受、直觉、创造力、敏感、自卫、开放性、自我发展、能力获得——关注的扩展。他们相信，说明这些人类的品质在组织背景下如何运作，它们就可以被合法化为行为的适当形式，即使它们不是直接指向目标的或工具性的。他们还相信在他们的理论与解释学和批判理论哲学传统之间存在某些相似之处，但是，他们宁愿在心理学的层次（参见 Argyris，Putnam，and Smith，1985）而不是在哲学反思的层次上继续发展他们的理论。关于他们的理论，我在第六章讨论他们对"行动科学"的发展时会有更多的论述。

理性可以像西蒙、阿吉里斯、舍恩及其他人那样用行为科学和心理学的术语来描述。但是，理性也可以在哲学上被描述为解释性和批判性的思想和行动模式。哲学的视角更为根本，因为它提供行为科学和心理学理论的发展所赖以立足的思想和行动的逻辑模型。执著于实证主义的研究者忽视了哲学的视角。这具有讽刺意味，因为他们的理论所立足的逻辑模型是一种工具理性的哲学意象。令人遗憾的是，那种意象在描述和说明范围更广泛的理性思想和行动方面是有能力局限的。解释和批判的逻辑重构可以拓宽行政上的理性和合理性意象。其中一条途径就是通过理解法律推理的逻辑。

法律推理

法律推理理论描述律师和法官用以裁决案件的事实、相关法律的含义和法律对当前事实的适用性的逻辑过程。法律推理的逻辑为理解解释性和批判性推理提供了垫脚石，因为法律推理是这两者的范例。

爱德华·列维（Edward Levi, 1949）的经典著作《法律推理导论》今天仍在出版并在法律课上使用。他把法律解释的逻辑描述为举例推理或从判例到判例的推理："它是由先例原则所描述的三步过程，其中，描述首例的命题成为法规，然后应用于后面相似的情况。步骤是这样的：发现案件之间的相似性；然后，宣布内在于第一个案件的法规；再把法规应用于第二个案件。"（pp. 1-2）这三步过程显示，举例推理是参照性的和循环的，而不是像在工具性三段论中那样是线性的。

法律推理过程是发现案件事实之间的相似性和差异性以及相关法律的含义的能力。本杰明·卡多佐（Benjamin Cardozo, 1960）法官把这样的推理描述为"一种研究、比较或有过之而无不及的过程"。在其中，"有些法官在任何情况下都不会逾越这一过程。他们的职责观念是把当前案件的颜色与堆满其书桌的许多样本案件的颜色进行对比。颜色深浅最接近的样本即是可供应用的规则"（p.20）。研究、比较和对比颜色刻画了解释性推理。选择一个陈述而不是另一个陈述以把法规应用于当前案件的裁决，包含着批判性推理。

行政人员与律师和法官处于同样的地位。他们超越工具性推理

第四章 行政推理和法律推理：理解说明性、解释性和批判性的合理性

的限制，使用举例推理并运用解释以确定应该追求什么目的、应该采取什么行动。像律师和法官一样，他们的事务是选择什么是真或假、善或恶。经验显示，这种选择以举例推理为基础。既然行政人员和法官（或律师）都是人，就绝不存在任何先验的理由认为他们的推理过程有什么不同——只是背景不同而已。

行政人员通过举例推理弄清楚情况。为了对此加以说明，让我们假定，有一个经验丰富的人事处处长面对一个表现不合期望的试用雇员。这位处长该如何决定对这个雇员的处置呢？这位处长会把这种情况与以前的情况作对照，以此作为决策的指导。实际上，他会询问并回答下面的问题：这种情况的事实真相是什么？它们与其他情况相似吗？在那些情况下是怎么做的？在这种情况下应该照样做吗？

假定那位试用雇员声称他正在离婚，是情绪紧张影响了他的工作，而他现在正在寻求咨询服务，希望它有助于他的工作绩效。他请求延长他的试用期。人事处处长可能会先确定这些说法是不是真的，然后，他可能思索以前的情况并看看过去是怎么做的。假设他想起以前有一个雇员因为喝酒妨碍了他的工作绩效而被留下来察看。他寻求"嗜酒者互诚协会"的帮助，如今表现出众并结束了察看期。那种情况相似到足以沿用于如今这个雇员的试用期，同时既对他公正又有助于留住可能有用的雇员吗？人事处处长必须决定前一种情况的先例是否应该运用于当前的情况。

组织制定同法律一样起作用的政策。在这个例子中，人事处处长可以求助于政策和程序指南以解释与雇员表现和行为相关的政策条款的含义以及它对当前情况的适用性。如果政策规定在非常而暂时性的个人困顿影响雇员表现的情况下可以延长试用期，处长就必须决定这一政策是否可应用于当前的情况。离婚是极端而暂时性的

个人困顿吗？他要根据他自己的信念和价值观念回答这个政策问题，如同法官根据他自己的信念和价值观念解释法律一样。

如果承认组织的政策、程序和规则在概念上与正式的法律没有什么不同，这个例子可以延伸到许多行政实践中去。从根本上说，它们都是关于人们应该或不应该做什么的陈述。

行政人员被要求解释那些决定应该追求什么目的和应该选择什么手段的政策。像法官一样，行政人员会解释那些制定政策的人的意图。他们指望靠政策史来确定其目的和范围。然后，他们把他们对政策的解释应用于（具体）情况以确定它是否合适，或者，用卡多佐的话来说（Cardozo，1960），确定其颜色是否匹配。如果它们匹配，就作出选择。如果它们不匹配，行政人员会寻求对政策的不同解释，或者寻求一种对政策如何应用于以前情况的不同解释。

行政人员确定事情的真相，解释政策和程序的含义以及以往的事件或例子，把那些解释应用于当前的事实。他们像律师和法官那样推理。他们使用在传统上与实践话语联系在一起的相似的——如果不是一样的——解释性和批判性的推理形式。

解释性推理和批判性推理

在伽达默尔、利科和其他人的解释学中，在马尔库塞和哈贝马斯的批判理论中，以及在费以语言分析哲学和实用主义为基础形成一种批判的社会科学的努力中，可以找到解释性推理和批判性推理的逻辑与合理性。

解释性推理是理解思想与行动的目的和规则的参照性过程。它是我们据以弄清楚我们周围世界意义的过程，是我们据以理解共享

第四章　行政推理和法律推理：理解说明性、解释性和批判性的合理性

的规范、规则、意义和期望（它们构成我们的社会存在的构架）并与之发生联系的过程。我们经常在日常的基础上解释我们遇到的事件和事物，即使我们可能不会自觉地意识到这要求特殊类型的思想与行动。当我们遇到我们不理解的事情、我们不熟悉的事情、不同寻常的事情、与我们信以为真或善相反的事情时，就需要解释了。

解释性推理的逻辑结构可以用解释学循环来表达。它表述了理解的理性过程。正如理查德·帕尔默（Richard Palmer, 1969, p. 87）所说："理解基本上是一种参照性的活动：我们通过比较我们已知的事情理解某事。"它是一个循环过程，在其中"循环作为整体界定个别部分，而部分合在一起形成循环"（p. 87）。正如西奥多·克兹尔（Theodore Kisiel, 1972）所解释的：

> 当我们读一本书或看一幅抽象的绘画时，对某些部分的审视给予我们对整体内容以初始的感觉，而对整体的预期反过来确定了部分的重要性（significance）。在部分与整体之间这种转换并通过这种转换，我们逐渐根据部分形成对整体的解释，并根据整体形成对部分的解释。（p. 276）

因此，解释直接同全体与部分之间的中介有关，它最终导致据以行动的理解。

像理性模型和工具性推理一样，解释学循环是一种逻辑的重构，它说明有根有据的思想和行动的本性进入了对事物的理解之中。同工具性意象——它把理性描述为演绎的和线性的——相对照，解释学循环把解释性理性描述为参照的和循环的。它比工具性演绎更接近于思想的实际情况（Kisiel, 1972, p. 276）。因此，解释比工具性理性更根本也更普遍。

解释学理论家指出了法律推理与解释之间的联系。利科（Ricoeur，1971）认为哈特（Hart，1948，1961）对法律推理逻辑的阐述是对解释循环的典范说明。伽达默尔（Gadamer，1975，p. 297）认为法律判断是解释学解释的范例。伯恩斯坦（Bernstein，1983）同意伽达默尔所说的："法官不是简单地把固定的、确定的法律'应用'于特定的情况。相反，对每一个新的特定情况，法官必须解释和援引先例与法律。正是依靠这样深思熟虑的判断，法律的意义（meaning）和特定案件的意义才得到共同的确定。"（pp. 147－148）行政人员也同样可以这样说。他们不是简单地把组织政策应用于现有的情况，而是根据对现有及未来可能出现的情况的解释来解释政策的意义。因此，政策的意义和特定情况的意义是在解释的参照性过程中共同确定的。

在前面那个例子中，人事处处长必须解释有关延长试用期的组织政策的意义，解释那种情况的意义。政策规定，在非常而暂时性的个人困顿影响雇员表现的情况下可以延长试用期。人事处处长的解释性任务就是确定这种情况的意义和"极端而暂时性的困顿"的意义。解释不是在真空中进行的。他从经验中形成他自己对"极端的"、"暂时的"、"困顿"这些词放在一起时它们各自独立意义的理解。但是，解释不会停留在对政策的一般理解上。它继续考虑特定的情况，该情况有自己的关于"离婚"、"情绪紧张"、"咨询服务"和"工作绩效"这些词的地方性意义。处长把政策的意义和该情况的意义相对照。从逻辑上说，在同意或不同意延长试用期的决定中存在着一种意义的共同确定，在其过程中——用伽达默尔（1975）的术语来说——取得了一种"视界融合"。第二章提到了布莱克勒和布朗（Blackler and Brown，1983）有关壳牌石油公司的故事在我讨论那位评论家如何理解他们被报道的经历时就指出了这一点。

第四章　行政推理和法律推理：理解说明性、解释性和批判性的合理性

作法律决定的举例推理不局限于解释。确实，意义的共同确定需要在相互冲突的解释之间进行选择。法律过程涉及作出批判性的事实判断和价值判断。法律推理体现了"律师和法官把他们对世界的事实、事件和条件的信念——关于事情的实际情况的信念——与他们的道德信念和价值观念——关于对错的信念——联系起来作出法律选择的方式"（Carter，1984，p.4）。这样的批判性选择着重于对案件事实和相关法律意义的相互冲突的解释。事件要么这样发生，要么不这样发生；事实要么相关，要么不相关。一种对法律的解释总是比另一种更好，即使作出选择后，也有可能发现第三种更好的解释。选择一种解释而非另一种，是法律推理中的批判性要素，也是行政推理中的批判性要素。

正如马尔库塞（Marcuse，1960，vii）所说，批判性推理是"逆向思维的力量"，它内在地是辩证的。它承认事情不是它们所表现出来那样，因此，必须被不同地理解；它承认事情不是它们所应该的那样，因此，必须为了相关方的利益而改变它们。批判性推理关注真理、善、正义和美。批判出现在误解的时候，表明了解释的需要；它也出现在理解的时候，这时，所理解的东西要么被接受，要么被拒斥为真或假、善或恶、正义或不正义、美或丑。

批判性推理的逻辑结构是自我反思的过程——在与自己的处境或关注点（无论它是物质的客体、另一个人，还是某个概念）的关系中领会自我的能力："它是一种被引向某物并同时在该引导过程中也意识到自我的特殊品质"（Denhardt & White，1982，p.166）。这种自我反思的转向让人们在其环境中判断他们与事情或事件关系的真理或希求，而这会迫使他们采取行动改变那种关系。

那位人事处处长作决定的批判性方面是选出一种对政策和（或）情况真相的解释。因此，他必须决定那位雇员是否讲真话；关于延

长试用期的政策是否适用于那种情况。作出这样的决定是一个以这些隐含地陈述的问题来表达的自我反思过程:"在与那位雇员所告诉我的东西之间的关系中我的立场是什么?""在与组织政策所说的东西之间的关系中我的立场是什么?""在与我对以前相似情况的认识之间的关系中我的立场是什么?"一种精神的意象就形成了,在这种意象中,处长在他与雇员的关系中,在由他对情况的认识、对组织政策的理解和对相似情况的经验所界定的背景下,领会自身。他的工作要么是通过确认那种关系的真实性(或善)而维持它,要么是通过声称那种关系是假的或恶的而否定它。处长必须对情况进行批判以决定相信什么、重视什么并(基于这些信念和价值观念)采取什么行动。他还必须对组织政策的意义进行批判以确定它对情况的适用性。在批判性推理过程中,需要这种自我反思转向以接受或拒斥那种关系。没有批判性反思,就不可能在不同的解释之间进行选择。

对知识发展与运用的意蕴

这里提出的论点主要关注三种推理模式如何在行政和法律中运转。这些论点对那些以这三种模式中的任何一种进行研究的实践也适用。以演绎推理和归纳推理形式出现的工具性推理支持说明性研究;解释性推理支持解释性研究;批判性推理支持批判性研究。每一种研究类型都有自己的逻辑形式或合理性模型,它们可以使解释性和批判性研究合法化。

如果我们更深入地探究每一种知识类型的基础,我们就会发现每一种知识类型在某种程度上都依赖于其他两种推理模式。实证主

第四章 行政推理和法律推理：理解说明性、解释性和批判性的合理性

义者例如恩斯特·内格尔（Ernst Nagel，1961）主张解释或类似的东西——或者直觉——在"发现的情境"（context of discovery）下对形成科学命题起着主要的作用，但在"证明的情境"（context of validation）下没有任何地位。科学命题的证明理论上应该是演绎或有可能是归纳，虽然后者被认为是推理的低级形式。

实际上，解释和批判在"证明的情境"下确实发挥作用。科学发现的意义和重要性必须被解释。为了在现有的知识体系中获得合适的地位，它们也必须受到批判。当科学发现极大地挑战了现存的理论或范式时，解释和批判变得更为重要。正如托马斯·S. 库恩（Thomas S. Kuhn，1977）说过的，在革命性科学中，解释学的解释即使不是绝对必然的，也是显而易见的。批判也是如此，因为挑战现存知识的新发现，如果没有批判性推理的帮助，就无法确定其效力。

虽然解释性研究可能严重地依赖解释学循环的逻辑，但是，绝不存在任何排斥逻辑上的演绎或归纳论点运用于解释性研究的先验理性。例如，在历史研究中，历史学家可以也确实常常作出关于事件发生的因果关系的归纳论证。他们还作出关于为什么某个事件而不是另外事件必定在那个时候和如其所是地发生的演绎论证。当解释存在冲突时，批判性推理就进入解释性研究中。批判性推理是选择一种解释而不是另一种解释的基础。

在批判性研究中，工具理性的作用不太清晰并且依赖于我们希望如何界定批判性研究。法兰克福学派理论家——尤其是霍克海默和马尔库塞——对工具理性充满敌意，他们尽可能地远离它。法兰克福学派的早期理论家关于批判理论的一个观点是，它只是批判主义。它不应该提出规范、提出工具性建议或在科学的（演绎—法则的）意义上说明任何东西。批判理论的作用只是指出人类自由和发

展所受到的意识形态束缚。

具有讽刺意味的是,把批判理论看成是意识形态批判而不是其他,实际上包含它自己的隐含的社会理论。它假定人们受经济力量的支配,社会结构脱胎于技术合理性和工具性推理。批判理论的作用是阐明支配的结构,从而使人们认识到他们生活在压制性的虚假意识模式之下,进而采取行动把自己从压制下解脱出来。因此,批判理论始终持有一个规范性的观点——一种关于争取自由和自我发展的自我或主体的人文主义观念。

哈贝马斯(Habermas,1983,1987)把现代社会理论建立在沟通行动理念上,从而与早期批判理论家分道扬镳。他保留了批判的观念,甚至偶尔从事直接的社会批判,但是,他还提出了一种知识理论。虽然这种理论包括对实证主义的毁灭性批判,但是,他仍然主张需要说明性的科学和工具合理性。这绝没什么坏处。事实上,要做事,就需要说明性的科学和工具合理性。问题是,它们在现代社会具有强大的支配性,以至于解释和批判的重要性被忽略了。而且,哈贝马斯在他的沟通行动理论中指出,支持所有三种研究模式的理性和合理性类型建立在语言的基础之上。① 遗憾的是,讨论该理论本身就需要整本书的篇幅。简言之,他试图显示语言如何是陈述——无论是理论的还是实践的——的基础、有效性要求和有效性要求的标准如何来自沟通行动。这导致真理的共识理论,该理论以语

---

① 哈贝马斯(1983,1987)用两大卷的篇幅阐述作为合理性理论基础的沟通行动理论。在其他地方,他对沟通行动作了一个简明扼要的定义:"沟通行动可以被理解为一种循环的过程,在其中,行动者二者合一:他是行动的发起人,通过他对之负责的行动掌握境况,同时他是其环境转变过程的产物,是他所属的群体——其凝聚力建立在协同性的基础之上——的产物,并且,他还是培育他的社会化过程的产物"(1990,p.135)。

第四章 行政推理和法律推理：理解说明性、解释性和批判性的合理性

言为基础，语言不仅是从事科学的真理要求（scientific claims to truth）而且是从事道德的正义要求（moral claims to justice）的有效性论辩、协商和争论所需要的。

总　结

我在这里指出了行政人员和法理学家如何进行工具性的、解释性的和批判性的推理。他们在不同的背景下推理，但他们思想和行动方式的逻辑是一样的。虽然公共行政的研究者的推理背景各异，但是在思想方式上他们没有任何不同。在这方面，三种推理模式是作为前一章提出的三种研究模式的合理性理论而提出来的。这种合理性的三分理论（three-part theory of rationality）取决于构成后实证主义真理共识论基础的实践话语的对话基础。

在接下来的几章中，我将说明这三种推理模式如何在公共行政研究中使用，某些研究形式的逻辑如何与文艺解释的逻辑一致。这将为公共行政研究的知识的叙事理论作出贡献。下一章将追溯某些导致科学哲学语言学转向以及从实证主义向后实证主义转变的［理论或知识方面的］进展。

第五章 从实证主义到后实证主义：
科学哲学的语言学转向

过去 20 多年来，科学哲学经历了一场大革命。关于科学的实证主义观念受到了严厉的批判，因为它没有准确地描述科学说明和探究的逻辑。虽然某些实证主义的理念保留下来了，但是，出现了一种名为后实证主义的新科学哲学。在探究的逻辑、说明的逻辑和知识要求的有效性方面，后实证主义引入了一些新的常常备受争议的理念。这些理念中有许多汇聚于科学知识的沟通的、话语的、对话的和语言学的基础之上。本章主要概述后实证主义的某些进展。

虽然在后实证主义中仍然存在争议，但是有六个主题为知识的叙事理论提供了基础："笛卡儿的焦虑"，拒斥所予的神话（the rejection of the myth of the given），真理符合论之死，对说明的批判，对解释的批判，对实践话语是在相互冲突的理论之间进行合理选择的基础的承认。这些主题突出了科学探究中语言的重要性并指出了所有知识形式的语言学基础。

哲学与科学

在转向每个主题之前，我想后退一步思考哲学与科学之间的关系。除了偶尔提及外，没有多少关于研究方法的教科书会给予科学

第五章 从实证主义到后实证主义：科学哲学的语言学转向

哲学更多的篇幅，这就把哲学与科学之间的关系当成是没有问题的，但事实并不是这样。许多教科书还假定了关于科学探究和说明的过时的实证主义观念。

哲学和科学之间一度不存在区别。除了其他事情之外，哲学是在人类经验的所有可能领域内对知识的探求。亚里士多德既是哲学家也是科学家。他的《物理学》是论述所有自然事物普遍本性的重要著作；他的《尼格马可伦理学》和《政治学》是论述伦理学、政府和政治学的著作。他在哲学这一概括性标题下既研究科学也研究哲学。许多哲学—科学家遵循这一传统。当"科学家"发现世界中的物体可以被系统地研究并可以建立关于特定现象——例如星体、动植物和数——的积累性知识体系时，科学开始得到应有的声誉，并与哲学决裂。当科学家从事对经验实体的系统研究时，他们不再研究哲学，而是研究科学。

科学和哲学的决裂不是急剧的。哲学家仍然研究科学，或者，至少他们认为是在追求知识和知识的正当基础的意义上研究科学。康德、海德格尔、胡塞尔和其他人仍然试图追求知识，虽然不是在系统的经验探究领域。他们在超验领域——精确地说是超越经验的领域——继续探索知识。正是在这里，哲学失去了我们中间没有受过哲学学术训练的大多数人。例如，在《存在与时间》里，马丁·海德格尔（Martin Heidegger, 1962）与当时主流的认识论决裂，并回到形而上学哲学以回答这些问题：存在的本质是什么？存在是什么意思？生存是什么意思？人与事之间的关系是什么？什么使那种关系可能？在试图回答这些问题时，他没有用系统的、经验的方法，相反他只是简单地反思历史，反思其他哲学家写过什么，反思他自己的思想。他就是这样进行形而上学沉思的。然而，他自己拒斥古典形而上学沉思。他的范畴——烦、畏和死——越出了人类日常体验,但是像伊曼努尔·康德(Immanuel Kant [1787] 1965,[1781] 1997)的形式、量、因果和关系等范畴那样,没有越出逻辑或理性。海德格尔的形而上学是一种体验的形而上学而不是理性或逻辑的形而上学。

"形而上学"(metaphysics)这个词来自亚里士多德(Aristotle, 1966)写于《物理学》(physics)之后的几卷著作的书名。在《物理学》中他概述了他认为我们在物理的意义上所能认识的事物。形而上学的字面意思是"物理学之后",它成为探究我们能够认识的、远离直接经验的事物的领域。

今天,大多数自然科学家、社会科学家和人类或文化学家拒绝把形而上学沉思当做知识的源泉。无论是在自然科学还是在社会科学中收集数据,还是在人类或文化科学中解释意义,他们偏爱更多经验性的探究模式。然而,在科学和形而上学之间仍然存在一种张力。虽然实证主义者例如 W. V. O. 奎因(W. V. O. Quine, 1953)以科学独自就可以提供真正的知识为由拒斥形而上学,但是,其他人例如古斯塔夫·伯格曼(Gustav Bergmann, 1954)指出,甚至实证主义的科学也假定了形而上学理论,其理论之一是,"在某处"事实上存在供研究的物质实体。

这让我们进入到本体论领域。所有系统地认识事物的努力都对存在着供认识的某物作出某种本体论承诺,例如,事实上存在可以认识的"客体"。这些承诺常常采取信念的形式而很少受到科学家质疑。而理论的发展建立在关于研究对象的不同假定的基础上,当本体论哲学家引出[这些假定]对于理论发展的意蕴时,他们是严肃地对待这些假定的。

当哲学家转向研究科学本身时,科学哲学就出现了。他们关注的主要是科学探究的逻辑。他们探讨如下问题:科学说明的结构、支配自然物体和社会事件的规律的本质、接受某个科学解释而不是另一个的基础以及科学陈述的语言学表达的逻辑结构。当科学从哲学中分离出来的时候，出现了令人遗憾的分工。当科学家沉浸于研究物质世界的时候，他们没有多少时间对他们所做的事情的逻辑进行哲学的反思。那个任务留给了科学哲学家。令人遗憾的是，由于那种分工，这是现代性的特征，很少有科学家对他们的观察、假说、概括或者自然或社会的"规律"所赖以立足的基础担忧过。我在"规律"这个词上加引号是因为关于社会"规律"的可能性存在严重问题，下文将指出这一点。

人们会说大多数从事公共行政研究的人在哲学方面都是幼稚的，也就是说，他们大多不了解他们的研究活动所依赖的哲学假定。这不应该被看做是冒犯而只是观察到的事实。公共行政研究的学术准备过于专业化，使得它完全没有为研究哲学及其与行政研究的关系留下余地。

笛卡儿的焦虑

法国哲学家勒内·笛卡儿（René Descartes）为许多流入行政研究逻辑的哲学问题和争论奠定了基础。伯恩斯坦（Bernstein，1983）辨认出他称之为笛卡儿的焦虑的东西，它使人们在理解科学探究的逻辑和科学及其他知识形式的证明逻辑时苦恼不堪。笛卡儿关注信念的基础。他想知道信念是何以可能的以及它们最终是否是真的或普遍有效的。借助于他的哲学怀疑方法，他得到了现在著名的结论：我思故我在（Cogito ergo sum）。这就把关于世界的知识的可能性直截了当地放在人类主体之内。

伯恩斯坦（Bernstein，1983）指出，这造成了客观主义和相对主义的二分法。它使所有现代人为了严格说明自然科学、社会科学、人文科学和文化科学的知识有效性而苦恼不堪。他把客观主义界定为"关于存在或必定存在某些永恒的，在确定合理性的本质、知识、真理、实在、善或正当时我们最终可以向之求助的历史母体或框架的基本信念"（p.8）。与之相对，他把相对主义界定为

> 这样一种基本的信念，即当我们转向考察那些哲学家视为最基本的概念——无论是合理性概念、真理概念、实在概念、正当概念、善的概念还是规范概念——时，我们得承认，归根结底，所有这些概念都必须被理解为是相对于特定的概念图式、理论框架、范式、生活形式、社会或文化的。（p.8）

对客观框架的探索和对相对主义的担心表现出笛卡儿的焦虑。实证主义曾经假定存在一种所予（given）的经验可以充当作为知识要求的有效性基础的客观框架。后实证主义严厉地质疑作为知识基础的所予经验的理念。

所予的神话

所予曾经是实证主义科学观的基石。它是相信必定存在着独立于科学本身并充当所有知识要求最终基础的某种事物的信念。那个"某种事物"曾经被解释为客观事实的领域。这个难以捉摸的领域既充当探究的对象，又充当接受某一理论阐述而不接受另外一个理论阐述的基础。这就是最纯粹形式上的客观主义。正如伯恩斯坦

(Bernstein,1976)所指出的,客观主义是相信"存在一个基本的、未被解释的、坚固的事实的领域,它充当所有经验知识的基础。求助于这些'事实'大概可以使关于世界的经验主张合法化"。

关于知识发展的整个实证主义观念都以这个基本的假定本身为基础。今天,它在主流社会科学成为一种概念的操作和对探究"对象"的测量的实践中仍然保持生命力。这意味着主流社会科学仍然在那个"某处"存在有待研究的某种事物的假定下运作。科学哲学家已经拒斥"所予",这一事实并没有阻止社会科学家好像"某处"存在可以研究的某种事物似的那样行动。某处存在某种事物,但是,它是一个比纯粹无情的事实远为复杂的"某种事物"。

让我举个例子来说明我正在谈论的复杂性。让我们采取极端实证主义的立场,即只有来自我们感觉经验的知识才是我们可以拥有的知识。换言之,我们只能认识我们可以看到、听到、摸到、尝到、闻到的东西。如果真是这样(但并不是这样),我们就不会有任何关于行政或组织的知识,因为它们不是客观的实体。它们存在是因为我们同意它们存在。因此,它们具有一种交互主体性的实在或存在。行政研究的任务部分地成为把交互主体性地共享的实在客观化。

客观主义导致理论仅仅是客观地观察事实的工具或手段的理念。换言之,理论只是一面反映自然和社会的中立的镜子。因此,早期的实证主义者相信事实独立于科学并且既充当探究的对象又充当在相互竞争的理论之间进行抉择的基础。科学的任务因而是描述经验事实,在那些事实的基础上创立理论,然后根据事实本身检验理论。如果理论与事实——"所予"——一致,它就是有效的。如果"事实"与理论不一致,那么,包含不一致事实的理论就不是有效的。科学家的作用只不过是审视理论是否符合事实。令人遗憾的是,它没这么简单。

进一步反思，理论绝不只是中立的工具或镜子。理论用语言表达，而语言妨碍了对事实的清楚察看。事实上，即使观察者按照同一种系统的察看方式或使用同一种或近似于同一种语言，"事实"也可以被不同的观察者不同地察看。这引起了科学哲学家的极大关注。他们试图逻辑地说明科学家研究"事物"与他们关于事物——为简便起见，我称之为"事实"——的科学陈述之间的关系，但没有成功。最后，实证主义者无法"证明存在任何种类的原始的、不受影响的、权威的和自我证明的感觉，当它用文字的形式表达出来的时候，可以为知识提供基础，为判断经验的主张和理论提供理性的标准"（Gunnell，1975，p.163）。因此，所予最终成了神话。

[这里的]关键词是"用文字的形式"。科学哲学家后来认识到所有的科学理论都需要运用语言，甚至是数学语言，不仅是为了处理事实，而且是为了提出关于它们的科学命题。这就是科学哲学的语言学转向。它提出了下述问题：如果必须用语言来传达，那么，人们如何说明科学命题、假设或理论的有效性？直接的回答是宣布存在一种中立的观察语言———一种中立的理论语言——和真理符合论。

真理符合论

真理符合论假定存在两种类型的语言：观察语言和理论语言（Feigl，1970）。通过运用单一的语言命题，观察语言以特定的和具体的方式描述或测度某种现象。例如，我们通过观察具体地知道在海平面，水在华氏 212 度烧开。命题被认为符合作为经验所予的事实。因此，所有知识要求的基础是积累中立的观察命题（Hesse，1980，p. vii）。在命题不掺杂误解和人类价值观念的意义上，它们被看成是中立的。

然而,仅仅积累中立的观察命题还不够。它们不能独立地说明隐含的性质或不可观察的事物,例如电子、电磁波或波函数。这就提出了中立的理论语言的观念。理论语言在更高的一般性和抽象性水平上解释现象之间的关系。它们也被看成是不掺杂误解和价值观念。这两种语言之间的差距由一套符合规则来弥合。如果这些规则是已知的并在逻辑上得到遵守,观察语言就会证明理论结论的真理。这些规则在两种语言之间起中介作用,以提供一种关于世界内在运作逻辑的而不只是观察的说明。

人们提出了一些论点试图来沟通理论语言与观察语言,包括现象主义、工具主义以及操作主义。但是每一观点都有它自身逻辑上与实际应用的困难。没有哪个足以弥合理论与观察之间的差距。著名的科学哲学家赫尔伯特·费格尔(Herbert Feigl, 1956),认为这些论点都是彻底失败的,"习惯所认为的理论语言与观察语言之间的尖锐差别……受到严肃的质疑,如果不是被完全消除的话"(pp. 17 – 19)。按照玛丽·赫西(Mary Hesse, 1980)的说法,现在人们普遍承认:"事实本身必须根据解释而进行重构",并且"自然科学中的意义是由理论决定的;它们通过理论上的融贯性,而并非通过与事实的符合为人们所理解"(pp. 171 – 172)。这就使得主流社会科学黔驴技穷,因为它假定这两种语言的存在,也假定存在着支持这些论点的现象主义、工具主义以及操作主义的混合物。

真理符合论遭到了严重的削弱。中立的观察原来是负载着理论的。经由符合规则从观察命题中得出的理论推论被发现在逻辑上是没有说服力的。哲学家终于认识到"在原则上始终存在无数或多或少足以符合观察到的事实的理论"(Hesse, 1980, p. vii)。实证主义的科学观随着这种结论而瓦解了。换言之,实证主义的科学哲学家找不到充当判断科学知识有效性基础的经验的背景或不变的逻辑结构。

今天,许多哲学家坚持真理共识论而不是真理符合论的理念。虽然共识理论的细节各异,但是,大多数哲学家同意下述观点:(1)事实不为知识提供基础,它们也不是判断关于经验的断言或理论有效性的理性标准(Gunnell, 1975, p. 163)。事实只不过是科学家共同体同意的得到确认的概念。(2)理论是旨在描述和说明自然事物和社会事件的语言命题网络(Duhem, 1954; Quine, 1964)。(3)理论是以演绎、归纳或循环逻辑关系的方式连接起来的概念集合。(4)科学可以有益地被看成是在永无止境的知识积累中能够校正自身的"学习机器"(Hesse, 1980, pp. 125 - 128, pp. 182 - 185)。通过对说明和解释的哲学批判以及对知识的语言学基础的承认,真理共识论得到了发展。我们在第八章会看到一些后现代哲学家——尤其是罗蒂——就坚持这样一种理论。

对说明的批判

有些哲学家试图通过侧重于说明的理性方面而回避语言问题。他们不是把有效性要求与语言本身联结在一起,而是与包含演绎和归纳推理在内的理性思想过程联结在一起。他们的信念是,普遍而严格的规则可以应用于每一种推理模式,最终将导致同样严格而普遍的有效性要求。

梅·布罗德贝克(May Brodbeck, 1968)和卡尔·亨普尔(Carl Hempel, 1965)之类的实证主义者,为主要基于说明的演绎模型的科学知识理论进行辩护。说明包括将事实归于一般规律之下。科学知识的合理性被认为是通过恰当地遵循演绎模型所要求的推论的逻辑规则而保证的。归纳说明也是如此，尽管演绎模型往往被认为是最理想的。这样，通过将越来越多的事实归于演绎或归纳的规律之下，科学知识被认为得到了发展。

像史蒂芬·图尔明（Stephen Toulmin，1953）和迈克尔·斯克里文（Michael Scriven，1962）之类的其他哲学家认为，真正的科学说明的逻辑与演绎模型和归纳模型几乎没有什么相似性。这并不仅仅是因为这两个模式过于一般和抽象而不能恰当地体现科学说明的复杂性，而且是因为说明在逻辑上是完全不同的类型。演绎模式与归纳模式不能描述说明的逻辑，在其他任何方面也不是特别有用。

那么，什么才是科学说明的逻辑呢？斯克里文（Scriven，1962）认为，科学说明是"一种议题统一的沟通，通过沟通而传达对某种科学现象的理解"，"粗略地讲，理解就是组织起来的知识"（p.225）。像其他人一样，他还认为"正如你能够对任何其他形式的知识进行检验一样，对这种理解进行客观地检验是可能的"（p.225）。然而，他没有继续描述这些客观的检验如何进行，也没有说明它们的逻辑。

我虽然同意斯克里文（Scriven，1962）说的科学说明是一种"议题统一的沟通"类型，但我不准备扔掉科学推论和说明的演绎模型或归纳模型。演绎推理和归纳推理都是说明性研究的逻辑的核心部分。对假说的检验要么可以采取归纳的形式，要么可以采取演绎的形式。

对解释的批判

科学哲学和人文科学哲学激烈地争论过解释的概念。它曾经被看成是这二者的分界点。威廉·狄尔泰（William Dilthey）、鲁道夫·马克瑞尔（Rudolph Makkreel）和弗里斯杰夫·罗迪（Frithjof Rodi, 1989）主张，自然科学的目标是说明，而人文科学的目标是Verstehen，意即"理解"。① 自然科学追求普遍性的概括，而人文科学追求对个体性的理解。人文科学的逻辑是解释性理解。解释使人文科学独立于自然科学，并把人文科学放在与自然科学同等的立足之地上。人文科学有其自身的方法和自己的解释逻辑。这是对拒斥解释性推论合理性的实证主义科学的抵御。从实证主义的立场看，人文科学是不太重要的事业，因为解释的逻辑难以描述从而当然是非理性的。

这种"各别而平等"的区分没有持续太长的时间，因为解释的观念偷偷地溜进了实证主义的科学观之中。它以这样两种方式存现：解释怎么进入科学陈述和科学命题的阐述？解释涉及对科学结论意义的理解吗？

大多数实证主义者都坚持认为解释属于发现的情境，而不是说明的情境。他们把解释看做是心理变量，而不是逻辑变量。正如恩斯特·内格尔所言，一个科学家的解释性理解"与他的说明性假说的起源问题相关，而与它们的有效性问题无关"（Nagel, 1961, p.484）。这样，对实证主义者而言，在发现的情境中将解释当做心理变量而谈论是恰当的，但是在讨论证明的逻辑时就不要提到解释，因为解释并不被认为是一个逻辑概念。

后实证主义者，例如查尔斯·泰勒（Charles Taylor, 1971）和

---

① 西奥多·阿贝尔（Theodore Abel, 1948–1949）描述了理解（Verstehen）在文化科学和社会科学中的作用的范围广泛的历史。他暗示，解释可以在确认的背景下发挥作用。

西奥多·克兹尔（Theodore Kisiel，1972）认为，正如在假说的发现中发挥重要作用一样，解释在科学知识的证明和证实中也发挥重要作用。解释是一个由解释学循环表现出来的逻辑概念。它有时被看做是一种恶性循环，无法根据某些普遍的理性规则打破它以证明或证实解释。然而，他们主张解释是证明的一部分。这应该是显而易见的，因为科学发现的意义需要得到解释。在其最简单的意义上，人们可以说卡方（chi-square）检验的重要性至少需要某些解释。

在标题为"捍卫客观性"的一章中，赫西（Hesse，1980）提出了下面的结论：

> 我把这看成是已经获得充分证明的：数据与理论不可分，对它们的解释渗透理论范畴；理论科学的语言不折不扣是隐喻性的和无法形式化的；科学的逻辑是循环解释、再解释和根据理论自我校正数据，根据数据自我校正理论。（p. 173）

因此，解释和说明之间的严格区分是站不住脚的，但是，正如那章标题所提示的，这不是说科学研究和科学知识缺乏客观性，而是说科学知识的客观性需要被不同地理解。

知识的语言学基础

在《逻辑哲学论》中，维特根斯坦（Wittgenstein，1922）开始把语言问题看成是科学的本质。他试图表明语言具有普遍的结构，它反映并显示世界的结构。确实，语言隐藏在日常话语的背后，但他认为它可以被揭示。他为科学寻找语言的最终本质的承诺可以用他现在著名的第七命题表示:"凡我们不能说的,我们必须保持沉默。"换言之,如果我们不能用语言说某事,这事就不在科学的范围之内。这个命题将所有形而上学问题排除在科学哲学的关注之外。

他的《逻辑哲学论》被许多哲学家看成是关于科学探究和科学说明的最重要的著述。"维也纳小组"的哲学家——他们有意地称自己是实证主义者——将《逻辑哲学论》当做检查科学语言的焦点。这代表了科学哲学的重要转向。科学知识的源泉以及对科学知识的辩护不再从先验的、超验的领域去寻找。相反,科学知识变成了语言的实体,而科学哲学的任务是澄清语言的逻辑句法。换言之,哲学的任务不是发现形而上学的真理,而是澄清科学陈述的意义。这样,就出现了科学的语言分析哲学。

说也奇怪,在后来的著作中,维特根斯坦拒斥了他在《逻辑哲学论》中的许多思想。在《哲学研究》(1953)中,这点最为明显,他引入了语言不是逻辑上严格的本质、存在多种语言游戏(科学只是其中一种)以及这些语言游戏是我们借以生活和体验世界的"生活的形式"等观念。这些语言游戏不是没有规则,但是,规则不是普遍的。人们只有先学习语法规则才能从事语言游戏。因此,科学被看成是一种语言游戏——如果科学的种类是既定的,就不是多种语言游戏——人们必须先学习其规则才能从事这种游戏。

这将科学哲学带入接近知识社会学的危险境地,因为后者主要关注描述和说明科学家在作研究时所遵循的社会规范、社会规则和社会实践。然而,科学哲学如果严格地把自己限制在澄清和说明容许科学陈述得以表达的语法规则方面,它就可以一如既往。现在科学哲学家更为关注科学陈述的逻辑结构,以及允许作出陈述的语法规则。

把科学仅仅看成是从事众多可能的语言游戏中的一种,会导致

第五章　从实证主义到后实证主义：科学哲学的语言学转向

相对主义，即这样一种信念：任何语言游戏同其他语言游戏一样好，不存在决定哪个是真哪个是假的任何基础。例如，从系统论模型的观点研究行政组织（例如 Katz and Kahn，1966）将描绘一幅关于组织的图景，它与把组织当做文化来考察的研究完全不同。系统论需要大量从生物学（Bertalanffy，1968）和控制论（Wiener，1961）那里借用来的概念。这些概念和系统论采用的宏观组织的路径等于是唯一说明组织及其中的人们为什么如其所是地行为的语言游戏。组织文化研究也有自己唯一的焦点和语言游戏。它采用微观的路径研究组织中的人们并讨论诸如规范、价值观念、信念、感受、态度、历史和故事等文化问题以描述并说明组织及其中的人们为什么如其所是地行动的。如果组织文化研究描绘了一幅与系统论完全不同的关于组织绩效的图画，那么，哪个是真的？一个是有效的而另一个不是有效的？两个都有效？

哈贝马斯（Habermas，1988）注意到在用语言游戏的理念来理解科学时可能会有相对主义的危险。但是，他相信相对主义是可以避免的：

> 我们从未在简单的语法中被锁住过。相反，我们已经精通的第一个语法使我们能够走出来，并解释陌生的东西，使不理解的东西得到理解，把起初无法吸收的东西吸收进我们的词汇中。语言学世界观的相对主义和语言游戏的单子论是同样虚幻的。（p.143）

这一立场对我列举的系统论和组织文化研究的含意是：虽然这二者都涉及导致关于组织绩效不同发现的不同语言游戏的运用，但是，我们不能简单判断其一为真而另一为假，这只是因为这里涉两种不同的语言游戏。我们需要学习另一种语言游戏才能判断哪一种发现对我们的目的更富有成效。我们还需要学习来自另一种语言游戏的研究者用以判断其工作的意义、重要性和有效性的标准。

像保罗·费耶阿本德（Paul Feyerabend，1975）那样的后实证主义者认为，用以判断科学陈述的真理性或合理性的独立而普遍的规则从来没有存在过，也不可能存在。然而，用以判断说明性、解释性和批判性知识合理性的规则的确存在，尽管它们不是普遍性的，也不能独立于解释和批判。它们是在解释与批判的过程中出现的，并且可以通过进一步的解释和批判加以调整和改变。因此，科学可以被看做是在研究者共同体内就那些旨在说明自然行为和社会事件的理论的功效而进行的不断对话。

这种科学的对话观与理查德·罗蒂（Richard Rorty，1979）对哲学、科学和人文科学的逻辑的重构相同。在其备受争议的著作《哲学和自然之镜》中，他拒斥所有知识要求都可以建立在某种超验理性领域或经验领域基础之上的传统哲学观。他要我们把哲学或任何其他类型的寻求真理的研究看做是在共享共同语言、共同社会实践和共同社会规范的探究者共同体内部永不终结的交谈。他要让交谈继续下去，让它自我终结。"真理"从这种不断的交谈中涌现出来，它可能随着交谈的继续并由于更好的论辩而改变。第八章将更多地说到罗蒂对哲学和科学的重构，在那一章我将指出一些后现代主题如何支持知识的叙事理论在公共行政中的发展和运用。

在哲学和科学依赖于产生理论的社会实践的意义上说，它们的叙事和交谈本质使它们二者成为实践性的事业。反过来说，这些实践又依赖于就什么是真、什么是假或什么理论更好地说明了某些自然或社会现象进行谈论的能力。这直接导致承认实践性话语是理论选择的基础。

第五章　从实证主义到后实证主义：科学哲学的语言学转向

理论选择的实践合理性

如果不存在所予，如果说明的逻辑站不住脚，如果科学从根本上说是解释的问题，如果科学只是众多类型的语言游戏中的一种，那么，科学的合理性在哪里？没有人会对科学发现有某种程度的有效性或说明性力量产生争议。科学能够提供电能、通信、交通运输和治愈疾病等。必定存在某种确定科学发现合理性的基础。科学哲学的问题是在科学知识的成长中找到如何选择一种理论而不是另一种理论的逻辑。

这里有个问题向科学哲学家，也向科学家自己，甚至向行政科学家提出来了：我们用什么标准来判断陈述、概括、假说、理论、研究项目及范式的可接受性呢？这些都是后实证主义科学哲学的最主要的问题。在此，我们只能通过提及卡尔·波普尔（Karl Popper, 1959, 1972）爵士和托马斯·库恩（Thomas S. Kuhn, 1970, 1977）的解释理论和批判理论以及伯恩斯坦（Richard Bernstein, 1983）关于后实证主义者正走向基于对话和实践话语的科学知识合理性理论的论断，大体地进行回答。

对实证主义科学哲学的首轮大受欢迎的进攻是由波普尔（1972）发起的，他把观察语言与理论语言、语言游戏等诸如此类的东西放到一边而探究科学家实际做什么。他认为科学从根本上说是猜想与反驳的过程——虽然是以检验假说的高度系统的方式进行的。在最简单的情况下，有一个需要检验的假说提出来了。如果它经受住了严格的检验，它仍然是一个"真的"假说。换言之，它成为为人接受的知识。如果一个竞争的假说提出了，它也要接受检验。通过不断的检验，某个假说最终胜过另一个假说，它就成为为人接受的知识，直到另一个假说取代它的位置为止。因此，科学陈述的客观性在于它们被交互主体性地检验的能力，而不在于与中立的观察语言或所予进行比较。

对波普尔而言，客观性事关批判，往往表现为对某一观点、假说或理论的进一步检验，看它是否可以被证伪或被反驳。一个陈述越能承受得住批判，它的经验成分就越多，它就越值得信任。然而，一旦一个证伪或驳倒的陈述被提出来，它就产生了一种竞争的理论。在某些情况下，竞争的理论可能明显地比被驳倒的理论更好，因此，人们很容易接受它并对它进行进一步的检验。在其他情况中，可能很难确定哪种理论更好，这就需要进一步检验这两个陈述及对结果的解释。这样，波普尔就把客观性标准从事实本身转变为批判与解释。但是，这也带来了恰当的理论选择这一问题，它只能通过更进一步的批判与解释而解决。

伯恩斯坦（Bernstein, 1988, p.70）注意到波普尔回避了相互竞争的假说或理论之间的选择基础问题。波普尔假定我们总是知道什么时候选择某个假说或理论而不是另一个。他没有对什么是恰当的理论选择的标准或规则作任何提示。伯恩斯坦还进一步注意到：波普尔没有考虑标准或规则本身很有可能是尚待解释和批判的。

波普尔的解释理论同样源于猜想（陈述、概括、假说及理论）。他相信有必要采用这样一种观点，它有助于对经验数据进行筛选从而集中于相关的且易于理解的数据。在理论形成中，观点就是解释，解释在"具体化"后就相当于说明。解释与说明的区别在于后者可以被检验，从而可以拒斥或支持，而解释则或多或少带有猜想的成分。所以，如果能找到对解释进行检验的手段，它就变成了说明。在自然科学中，实验检验是常用的手段。然而，波普尔认为在社会

第五章 从实证主义到后实证主义：科学哲学的语言学转向

研究领域，我们所能期待的最好手段是猜想性的解释。在第七章，我们将领会到，文艺批评家就文本意义所提供的猜想性的解释在逻辑上等同于科学假说。

库恩（Kuhn, 1970）的主要著作《科学革命的结构》虽然备受争议，却给科学家、科学哲学家以及科学史学家留下了难以磨灭的印象。他的科学史和科学哲学受到了激烈的批评，但是其重要性却无法否定。他提出的常规科学、解难题、范例、革命性的科学、范式及范式转换等概念，构建了我们当代对科学探究的理解与误解。更重要的是，库恩的思想直接指出了解释与批判在理论选择的实践合理性中的重要性。

库恩既拒斥说明性研究的演绎模型，也拒斥中立的观察语言对科学知识的发展与增长有任何直接作用的想法。他描绘了一幅截然不同的画面，在其中，科学家们的工作是在多种范式内进行的。范式是一种或多或少较为稳定地看待世界的方式。它们由一个研究者共同体所共享，这些研究者解决并理解了过去的一些难题，现在正在解决新的难题。科学家共同体理解这些难题的存在及其边界。解决难题是常规科学的任务。范式引导常规科学的活动，也引导着使科学知识更为普遍和精确的解难题的类型。在解难题的过程中，当反常出现而无法适用范式的时候，就出现了问题。也就是说，不符合被普遍接受的科学知识的问题被提出来了，或者作出了发现。这时，出现了"非常规科学"，旨在说明反常的竞争范式被提出来供科学家共同体考虑。于是，范式选择或理论选择的问题就出现了。其核心问题变成：我们根据什么标准来选择一个范式或理论而不是另一个呢？

库恩没有为这个问题提供令人满意的答案。他没有诉诸理论的演绎模型或正统的理论观念，而是按照实践合理性来描述决策情况，即对接受和拒绝范式的理由作沟通性的协商。从正统的观点来看，范式选择是主观的和裁决性的，完全缺乏形式合理性。但是库恩（1977）却认为事实并非如此，范式的选择往往是依据某些可以充当选择标准的传统价值观念，如"精确性、一致性、见识、简洁性和成效性"（pp. 337－338）。然而，他指出，这些并不是特别好的标准，因为对不同的人而言它们具有不同的意义。在最终使得人们接受新范式的复杂辩论与相互说服过程中，它们往往会彼此冲突。

伯恩斯坦（1983，part II）认为波普尔和库恩的科学理论指出了实践性推理在理论选择和范式选择中的基础性作用。这在波普尔（1972）将理论定义为解释以及他对猜想的批判的坚持中，在库恩关于范式选择的讨论中都表现得很明显。库恩（1977）明确地提到解释对其科学理论的重要性："作为一个物理学家，我不得不靠自己的力量去发现的事情，大多数历史学家是在专业训练过程中通过实例所学到的。不论是否意识到，他们都是解释学方法的运用者。然而对我来说，对解释学的发现不仅仅使得历史举足轻重。它最为直接和具有决定性的影响是对我的科学观的影响。"（p. xiii）因此，科学具有解释学的维度。

伯恩斯坦更进一步认为科学家也是解释学方法的实践者。他揭示了如库恩、波普尔、费耶阿本德、伽达默尔、阿伦特、哈贝马斯、罗蒂等哲学家的共同基础，指出他们都假定了一种科学合理性的对话模型，它涉及共同体的解释及批判。他认为这个共同基础能够避免差强人意的客观主义或相对主义的替代物。知识的合理性就是"选择、协商、解释、审慎权衡与运用'普遍规则'的问题，甚至是关于哪种标准是相关的和最重要的合理争执的问题"（p. 48）。结论是，建立理论从根本上说是这样一种实践活动，它涉及在研究者共同体之内的对话和实践性话语、沟通、倾听的意愿和改变观点的意愿以及对达成共识的共同关注。

总　结

科学哲学的所有这些进展意味着，说明性科学从根本上说是讲故事的问题，它建立在叙述的基础上并以给予世界以意义的语言为基础。它是一种特殊而非常正式的故事类型，虽然如此，仍然是一种故事。科学要求这样一种共同体，它由愿意相互倾听彼此关于自然和社会运转方式的故事并愿意就其有效性进行辩论的研究者组成。辩论以共享的关于现有知识的故事为背景，始于新发现（故事）或者肯定或者否定现有知识之际。这时，辩论集中在适当的研究设计、测量的方法和检验假说的方法之类的因素方面。辩论不是在一夜之间就取胜或输掉，但是，一个关于自然或社会某些方面运转的新故事最终将胜出。在更好的故事出现之前，那个故事就是有效的知识。

以三种研究模式中的任何一种形式出现的科学，作为讲故事，从根本上说建立在研究者共同体内部自由而开放的交流这种规范性理念的基础之上。他们就众多科学陈述的相对长处以及充当确定陈述有效性标准的价值观念的长处进行持续的对话。只要对话保持开放和自由，其真理性就可以得到保证。

后一章在方向上将作轻微的改变。它将举例说明解释性研究和批判性研究如何运用讲故事、话语和对话影响组织变迁。

第六章　行政研究中的行动运动：解释性研究和批判性研究的实例

"行动"这个术语应用于三种类型的行政或政策研究中：行动理论、行动研究和行动科学。虽然每一种类型的思想传统各异，但是，它们都有一个共同的焦点。每一种类型都使用解释和批判来理解行政境况，并且有助于行动者改变境况——如果他们觉得它们不可接受的话。这种研究的应用路径目的在于实践（praxis），即把理论与实践结合起来以改变社会状况。

在这里我将概述每一种以行动为导向的研究类型，指出其相似和不同之处。我从公共行政文献中的行动理论开始。然后，把它与时常运用于组织变迁或组织发展的行动研究模型相比较。行动研究经常与以说明的形式出现的应用行为科学联系在一起，但是，我将指出它要产生影响就必须依靠解释和批判。之后，我将讨论行动科学，把它与行动理论相比较并指出其解释性和批判性成分。我还将提出一个我参与其中的有关组织干预的案例研究以说明实践中的行动理论的逻辑，并以之作为说明行动理论与行动研究和行动科学之间关系的一种途径。该案例表明这些以行动为导向的组织或社会变迁的路径之间的相似性。行动理论的哲学基础将得到充分的说明，而这里对其他以行动为导向的研究模式则不作充分说明。[行动理论的]这些哲学基础贯穿于行动研究和行动科学的哲学基础之中。

第六章　行政研究中的行动运动：解释性研究和批判性研究的实例

行动理论

行动理论由贝雅德·卡特伦（Bayard L. Catron）和迈克尔·哈蒙（Michael M. Harmon）在1981年提出（亦可参见Harmon，1981；Harmon and Mayer，1986）。① 行动理论家倡导理解组织和政策环境的非实证主义和非说明性路径。虽然费（Fay，1975）没有特别地用"行动理论"这个术语，但是，他对解释性和批判性研究的讨论极大地支持了行动理论的逻辑，这种支持也来自语言分析哲学和实用主义。下文将简要地概述行动理论的逻辑区别于说明性研究的某些突出特征。

行动理论家们在行动与行为之间作了根本的区分。行动是有意识的和意向性的；行为则不是。行动概念"描绘与意外事件相反的活动，这样，'跳下'是行动，而'落下'不是，因为跳下是人们做出来的，而落下是发生在某人身上的"（Fay，1975，p.71）。在这方面，行动具备特定的有意义的目标或意向，而行为被看成是受动的。侧重于行动就是问为什么某人要做他正在做的事情。因此，行动理论运用意向论（intentionalist）的解释模型，侧重于行动的动机或意向而不是行为的原因（Wright，1971）。行动理论是一种意向论的科学，说明性的行为主义则是一种因果关系的科学。

行动在由社会建构的共享的规范、价值观念、实践、规则和期

---

① 哈蒙（Harmon，1981）和迈尔（Harmon and Mayer，1986）指出，行动理论的哲学之根在于现象学（Schutz，1967a，1967b）、实在的社会建构理论（Berger and Luckmann，1966）和批判理论。

望之网中发生。"社会行动是一个辩证过程,共享的意义由此得以建构、维持和改变"(Catron and Harmon, 1981, p. 537)。我们建构我们的社会世界——它不是预先给予我们的;我们通过把意义赋予我们自己的行动和他人的行动而创造它(参见 Berger and Luckmann, 1966)。行动理论的任务不仅是发现行动的原因,而且是发现使行动可以理解的规范、规则和实践,以及支撑它们的构成性意义。构成性意义即"所有那些共享的以某种明确的方式构筑我们的世界并构成社会实践存在的逻辑可能性的假定、定义和观念",以及赋予社会行动以意义的规则、规范和价值观念(Fay, 1975, p. 76)。

行动理论家的另一个任务是采取"行动者的观点,以减少在理解和表述所传达的意义过程中的曲解"(Catron and Harmon, 1981, p. 537)。其含意是行动者拥有比理论家更好地了解他们的用意是什么和他们的意图是什么的合法权利。采取行动者的观点可以防止从社会处境之外强加的没有根据的假定和概念——这是说明性研究的典型做法。从行动者的观点出发是必要的,因为行动理论既是解释性的也是批判性的。它"根植于一群人感觉到的需要和痛苦",并努力"启发社会行动者以新的方式看待自己及其社会处境,因而他们可以决定改变那些使他们感到压制的状况"(Fay, 1975, p. 94, p. 103)。

简言之,行动理论在三个根本方面不同于说明性研究:(1)它在行动与行为之间作出了区分,注重对意向性行动的解释而不是对因果性行为的说明。(2)它侧重于规范、价值观念、意向、规则和实践对行动者的意义,而不是对说明性研究者——从这种视角看,他们在任何情况下都会因为其主观基础而忽略这些社会变量——的意义。(3)它努力帮助社会行动者界定自己的处境和改变它的方式,而不是让别人以那种可能与他们自己的需要和愿望不一致的方式为他们界定处境。

行动理论的一个案例研究

让我举个简短的例子,说明行政背景下的行动理论研究路径为什么以及如何比说明性路径更有可能受到偏爱。几年前,有人请求我测量某一州的社会服务部门大约 900 名社会工作者的工作负荷。主办这次研究的工人—管理者联合委员会想证明该部门需要更多的社会工作者。我几乎像对待任何其他咨询活动一样接受了这个任务。由于怀疑该委员会所说的需要,我想知道它真正需要什么。我本可以不费力气地对他们进行时间—动作研究,或者给他们一份以案头核查(desk audits)社会工作者工作内容为基础的详细研究方案。我没有这样做,因为我在过程咨询、行动理论和解决问题的行动研究模型方面受过专业训练。(我在下一节要讨论的行动研究与此相关。)

在起初几次咨询之后,有些事情在解释方面就显而易见:(1)那个委员会的委员都同意他们需要对工作负荷进行研究以证明要求更多的社会工作者的正当性。(2)大多数管理者不太了解社会工作者在工作时究竟做什么,这就引起这两个群体之间的冲突。至少,他们试图在工人—管理者联合委员会的框架下来解决这一冲突。(3)即使组织制定了指导工作的非常精确而详细的政策和程序指南,其中大多数也通常被置之不理。(4)社会工作者在不同社会服务项目中常常做不同类型的工作。(5)特定项目中的社会工作者可能对他们的工作性质有共同的理解,但是,他们不了解在其他项目中其他社会工作者的工作性质。(6)管理者持有与社会工作者不同的价值观念,这导致冲突。(7)跨项目的社会工作者共享某些价值观念而不共享另一些价值观念,这导致在特定项目之中和特定项目彼此之间的冲突。(8)某些社会工作者的工作需要重新设计,以使它们对服务对象来说更有效率和更有效能。(9)需要研究社会工作者实际上如何工作。管理者不了解社会工作者实际上做什么,而不同项目的社会工作性质各异。(10)如果某些更改(甚至只是诸如测量工作之类的机械方面的改变)要取得成功,社会工作者自身就必须参与到研究之中,以获得对其结果的主人翁感觉并因此接受工作性质或工作负荷方面的任何改变。我得承认,最后这个结论是我自己关于组织变迁的个人意识形态的一部分,但是,它是为组织发展顾问所广泛接受的观点(参见 Burke,1994; Cummings and Huse, 1989)。

我是怎么得出这些解释性的结论的?答案很简单:我与委员会的委员交谈——有时个别地,有时全体地。我问问题并借用福雷斯特(Forester, 1980b)"倾听"的研究路径。我深入社会工作者和管理者的生活世界(他们日常的、常识的、普通的、前反思的和前理论的存在),了解他们如何工作、如何看待他们的世界以及他们持有的信念和价值观念。

仅仅通过倾听,我就发现委员会的许多委员使用高度专门化的词语——也可以称之为官僚行话——来理解他们的专门工作。例如,当一名服务对象在某个社会项目中被成功地从福利救济中排除出去,那个服务对象就被"积极地终结了"。这对在其他方面圆满的结局来说是个难听的词。在我了解了这些词的意义之后,我意识到委员会的有些委员把它们串在一起编造出专门的语言以理解他们自己并把他们自己所做的工作与其他人所做的工作区别开来。不同的项目和不同的管理有着截然不同的语言。这在项目之间以及管理者和社会工作者之间起着扭曲沟通的作用。在第八章,我们会看到这些不同

第六章 行政研究中的行动运动：解释性研究和批判性研究的实例

的语言类似于构成后现代特征的语言游戏和地方性叙事。

在我受雇于社会服务部之前，它对我来说是一种非常陌生的文化。凭借已有的学术准备和职业实践，我对公共部门及社会服务预先有一点了解，但我不理解这种特定部门的文化。从解释学的视角看，伽达默尔（1977）的偏见概念可以应用到我的前知识（fore-knowledge）上。当人们试图理解生疏的、或陌生的、或新的事物的时候，他们依靠他们已知的东西去弄清楚当前的东西。问题就变成这样：这些偏见在什么程度上扭曲了正在发生的事情的意义？这是当一般解释理论应用于对特定文艺作品的解释时，解释学中存在的永恒问题，下一章将讨论它。幸运的是，我有机会用行动者本人检验我的解释性结论以获得对他们的世界的共同理解。

我无法准确地说出我实际上获得了多少共同理解——20%，40%，60%，80%？不需要，也许无法准确量化。更重要的是，通过对话和开放（愿意对情况有所了解），我获得的对他们的文化的理解使我足以与他们就其社会建构的实在进行富有成效的对话。我对他们的独特语言的了解也使我足以与他们进行富有成效的沟通。

在这里，我的行动理论路径如何与常规的依赖于说明性研究的组织咨询有何不同？首先，我没有把我面对的问题看做是问题本身并提出直接的解决方案——例如，时间—动作研究。其次，我没有直接地将现有的说明性知识应用于那种情况。我确实回顾了社会服务和测量工作负荷方面的文献，但是，我没有把一个预先打包的方法论交给他们，说："伊利诺伊州就是这样处理类似情况的。"最后，我没有提议对在不同工作负荷条件下决定社会工作行为的因素进行实验性的或准实验性的研究。相反，我采取理解他们的文化的解释性路径。我做的是吉尔茨（Geertz, 1973）所说的"深描"（thick description）。

当我同委员会交流我的结论时，我在这种咨询的行动理论模型中作的解释性研究就转向了批判性研究。在这样做时，我帮助他们以不同的方式领会他们的世界。这里有几个特殊的例子：

1. 我告诉他们工作负荷研究可能无法证明他们需要更多的社会工作者。起初，他们被这个结论惊呆了并拒绝接受这个结论。但是，当我继续重申这个发现并探究其他问题时，他们终于认识到他们的部门需要的是办公室人员而不是更多的社会工作者。他们"发现"社会工作者做了太多的行政工作，而亲自参加服务不足。

2. 他们"发现"他们说不同的语言而那些语言阻碍了他们的有效沟通。委员会的大多数委员了解其他委员所使用的语言，这足以增进对话。

3. 他们"发现"某些项目有它们自己的价值观念、信念和文化，有时那些项目彼此之间相互冲突。最明显的例子是强制抚养儿童项目。该项目的社会工作者是调查员，带有法律强制心态，这与部门的其他人的社会服务心态格格不入。

4. 他们"发现"社会工作者的多数工作需要重新设计。政策和工序必须重写以反映工作的实际，表格需要全面更新因为它们常常包含使工作低效率的无用的或过度多余的信息。

5. 他们"发现"当服务对象在制度内穿梭时，他们常常需要接触不同项目的不同社会工作者。这是低效率的且有时甚至会对服务对象造成伤害，他们常常弄不清楚向谁求助。令人遗憾的是，由于这种混乱，原本有资格的服务对象就错过了所需要的服务。

第六章 行政研究中的行动运动：解释性研究和批判性研究的实例

我一直用打双引号的"发现"这个词是为了强调以下这点：这些事实就摆在那里等着委员会委员去观察，但是，在我把他们的注意力集中于它们之前，他们看不见它们；或者，用福雷斯特（Forester, 1981, 1989）的话来说，我"将他们的注意力集中"于那些摆在那里的但他们看不见的事物之上。一个有益的例子是，他们发现行政工作妨碍了亲自提供服务。

其他事情在幕后出现。我与委员会之间、委员会委员之间形成了某种程度上的信任。请回想一下，那是个工人—管理者联合委员会。工人和管理者彼此之间通常争端不断，该委员会在其工作之初，情况就是如此。有了充分的信任，他们就可以同我以及在彼此之间进行更富有成效的沟通，而这种沟通可以使发现浮出水面。

还有其他事情在比信任更深的层次上出现，尽管信任也与之有关。一个不受控制的沟通性话语领域建立起来了。它使委员会委员相互理解并发现他们面临的问题。作为批判理论基础的沟通性话语的观念是哈贝马斯（Habermas, 1979, 1983）知识的语言学构成理论的一部分。福雷斯特（Forester, 1985）借用哈贝马斯的沟通行动理论的某些方面讨论不受控制的沟通性话语的出现必定存在的内隐规则或条件：

我们平常（不是始终！）都尝试并希望其他人：
1. **能被充分理解地说话**；假如我们平常不预设这条规范是有效的，我们就等着胡言乱语吧，就别去听了；
2. **真诚地说话**；假如我们不预设这条规范，一般地说，我们就别去相信对我们说话的任何人，或者说，甚至别去相信我们可以与其他人协商以确定真正的用意是什么；
3. **合法地说话**，以契合上下文；我们不指望房屋开发商在计划委员会的面前讲《圣经》，或牧师在教众面前提出房屋单元开发计划。

4. **说真话**；假如我们一般不预设这条规范，即使我们对言说者的真诚没有任何怀疑，即使我们知道是出于好意，我们也别相信我们听到的任何东西。(pp. 208 – 209)

由于我的努力，工人—管理者联合委员会满足了这些条件。他们学会了能被充分理解地、真诚地、合法性地说话并说真话。结果，他们有了自己的发现。然而，更重要的是，他们决定采取行动处理这些发现。正是这一点使作为批判研究的一种形式的行动理论与说明性研究分道扬镳。委员会委员决定该做什么，而我并不告诉他们该做什么。他们在新的光线下看清楚了他们的处境并且自己采取行动来改变它。

行动研究

行动研究是许多组织变迁和发展的核心成分："行动研究模型着重于有计划的变迁，这种变迁是一种循环过程，在其中，起初关于组织的研究提供指导后续变迁的信息。然后，评价行动的结果，为进一步的行动提供进一步的信息，如此循环。"(Cummings and Huse, 1984, p. 47)

行动研究通常由以下步骤组成：(1) 组织的重要成员觉察到问题；(2) 咨询行为科学专家；(3) 咨询专家收集数据并进行初步诊断；(4) 向组织的重要成员提交诊断；(5) 咨询专家与服务对象联合诊断问题；(6) 联合开发行动计划；(7) 采取行动；(8) 咨询专

家收集行动方面的数据;(9)咨询专家将数据反馈给服务对象;(10)咨询专家与服务对象联合进行追加的诊断并制订行动计划;(11)采取新的行动;(12)收集关于新行动的追加数据;(13)对情况进行再诊断,如此等等(摘自 Cummings and Huse, 1984, p.52)。

当行动研究首次在学术界提出来的时候,它被看成与基础研究甚至应用研究根本不同,因为它着重于从不断变迁的社会关系中学习。约翰·科利尔(John Collier, 1947)从1933年至1945年是"印第安人事务局"的专员,他运用一种行动研究方法尽力更好地理解土著美国人的生活和文化。几乎与此同时,库尔特·卢因(Kurt Lewin, 1951)也倡导行动研究以影响社会关系的变迁。他坚定地认为理解动态社会境况的最好方式是介入其中并改变某些东西以观察境况是如何变迁的。

行动研究显然与基础研究甚至与诸如工程学或操作研究之类的应用研究不同。亚当·柯尔(Adam Curle, 1949, p.269)认为行动研究的"目的不仅在于发现事实,而且在于改变共同体感到不满的状况"。这种看法表现出与行动理论的批判性立场相当密切的关系。在一篇题为"行动研究:一种科学的路径?"的文章中,弗雷德·布鲁姆(Fred Blum, 1955)质疑它的科学地位,他认为它有两个阶段:"诊断阶段分析问题,提出假说";"治疗阶段以有意识地指导变迁的实验——最好在社会'生活'状况中——检验假说"(p.1)。在初期,行动研究试图从逻辑上证明其独特性以及它与主流的基础和应用性说明研究的区别。

行动研究类似于行动理论,但有两点除外。首先,强调行为科学。有些行动研究者竭力寻求那些从说明性路径研究组织的人所理解的合法性，认为说明性研究是其研究的基石。① 他们想要别人把他们的研究看成是科学的。他们也许运用行动研究，但是他们在其中增添了大量关于组织中的人类行为和组织自身行为的说明性知识。想想看，大多数关于组织发展的教科书都大量讨论关于个体、群体、群体间、组织行为方面的说明性的、行为科学的知识，以及来自先前说明性研究的多种诊断模型（Burke，1994；Cummings and Huse，1989；Harrison，1994）。

其次，行动研究承担更为直接的咨询者或行为科学专家的角色。虽然，会有某些联合或协作的诊断，但是，有时则假定专业咨询者在界定问题和制订行动计划中将以他或她的专业知识为基础发挥主导作用。在这种情况下，服务对象严重依赖专家，并且，无法像行动理论那样以不同的方式理解其境况并自己采取行动改变它。

珍尼特·马斯特斯（Janet Masters，1995）辨别出行动研究的三种不同类型：类型1与科学—技术问题的解决相关，在其中，专家界定问题并提供解决办法；类型2与实践—协商的研究有关，它包括研究者和从业者之间的相互协作；类型3与批判—解放的行动相关，它有助于参与其中的服务对象提高他们对自己所受制约的意识，并使他们获得改变这些制约的能力。马斯特斯特别强调最后一种行动研究的类型与哈贝马斯批判理论之间的密切关系。行动研究的类型3与行动理论的目标一致。

---

① 管理学和组织行为学领域的大多数主流行为科学研究者可能对行动研究的逻辑实质上不同于说明的逻辑视而不见。大约在十年前，我试图发表一篇讨论行动研究的哲学基础方面的文章。它遭到三家主流的管理学期刊拒绝。每一次他们都告诉我行动研究的逻辑完全与行为的、说明性的研究一致，根本不需要考虑其他诸如解释或批评之类的哲学框架。虽然我确立行动研究的哲学基础的工作具有解毒的性质，但是，欧奎斯特（Oquist，1978）则指出了行动研究的逻辑与实证主义和结构主义不一致，而与实用主义和辩证唯物主义更为一致。

第六章　行政研究中的行动运动：解释性研究和批判性研究的实例

我是在不了解马斯特斯对行动研究的分类的情况下，在对社会服务部的干预之中运用所有三种类型的。我采用一种解释性的和批判性的路径，也以两种截然不同的方式依靠说明性研究。首先，我在组织行为学和组织理论方面受过学术和职业训练，因此，我不禁以预先由我的教育和经验所决定的方式看待他们的境况，但是，我竭力把这种前知识放在一边而让他们及其境况对我说话。其次，我确实对社会工作者的工作作过范围广泛的说明性研究，作过准实验设计和调查研究，但是，我在其中插入了行动研究或行动理论。在设计研究手段和对发现进行解释时，我从不同项目和不同区域召集了大约 100 名社会工作者和大约 50 名管理者。社会工作者和管理者根据其经验把要问的问题交给我。我只是把它们放进一个操作性的表格中。我让他们阅读研究发现并告诉我这些发现对他们意味着什么。最后，他们——而不是我——写出最后的报告。虽然这耗时费力，但它让社会工作者和管理者反思他们的实在并重构这一实在。他们在界定和重新界定他们的实在方面起主导作用。

如果行动研究与沙因（Schein, 1969）的过程咨询模型结合起来运用，它与行动理论的相似性就更显而易见。沙因区分了咨询的医学模型和过程模型。在医学模型中，服务对象只是接受医生的专业建议，其假定是医生最懂。过程模型则不然。沙因把它看成是"就咨询者而言的一组有助于服务对象对发生在其周围的过程事件进行感知、理解并作出反应的活动"（p. 34）。过程咨询者不给服务对象开药方，而是帮助服务对象找到自己的解决办法和行动步骤。这同行动理论家与社会行动者的关系一样。这就是我研究工作负荷的路径，在其中我采用了行动理论的立场。

行动理论与行动研究的另一个相似之处可以在对组织发展的界定中看到。虽然可能有上百个这样的界定，但是，我喜欢沃纳·伯克（Warner Burke，1994）的界定。他把组织发展界定为"组织文化的根本变迁过程"（p.9）。他说的文化是指"［组织］成员遵从的规范、标准或行为规则的独特样式"（p.9）。他说："组织发展领域的从业人员的工作是从服务对象中引出内隐的规范，那些普遍存在却在表层之下的、不显著的遵从样式。"（p.10）我之所以喜欢这个界定是因为它与行动理论对诸如规范、规则和标准之类的文化变量的注重相吻合。我对社会服务部的干预集中在这些因素上，并推论出某些支配委员会委员的信念、价值观念和行动的内隐规范。

最后，我想指出，行动研究的结构本身内在地是解释性的和批判性的。其循环的本质使它具有辩证性，而它对找出问题和设计行动的注重，需要运用解释性研究和批判性研究。如果行动研究导致有些人感到压制性的社会关系方面的变迁，它就实现了行动理论和批判性研究的解放目标。

行动科学

阿吉里斯、舍恩和其他人倡导行政研究的行动科学路径已有多年（Argyris, Putnam, and Smith, 1985；Argyris, 1981；Argyris and Schön, 1978；Schön and Rein, 1994）。就像行动研究那样，行动科学与行动理论有重要的相似之处。在这里，我要说行动科学从根本上说是一种行政和政策研究的解释性和批判性路径。

阿吉里斯和舍恩（Argyris and Schön, 1978）从承认工具性推理或技术合理性的局限入手，然后，转到社会行动的重要性。舍恩转向考察"实践认识论"，阿吉里斯转向"可行动的知识"（actionable knowledge）。两个人都关注组织学习。这些进展都可以看作朝向解释性和批判性的理论化，虽然它们不是直接地从解释学或批判理论发展而来的。他们都是社会心理学家，但是都不是主流社会科学家——那些人对在职业问题的解决和（更为根本的）主流研究本身问题的解决方面所使用的不同推理模式视而不见——所理解的传统意义上的实证主义者。本节的任务是勾勒行动科学的解释性和批判性维度。我在这样做时部分地参照了行动理论。

模型Ⅰ行为和模型Ⅱ行为

阿吉里斯和舍恩（Argyris and Schön，1974）提出了组织行为的两种模型——模型Ⅰ和模型Ⅱ。模型Ⅰ行为基于工具性推理和技术合理性。这种模型的主要特征是：（1）"界定目标并设法实现它们。"（2）"所得最大化和所失最小化。"（3）"尽可能少产生或表达消极情绪。"（4）"理智些。"（pp. 66 – 67）阿吉里斯和舍恩认为，大多数组织由这些变量所支配，它们依次意味着一定的行动策略：（1）"单方面设计和管理［组织］环境。"（2）"认领并承担任务。"（3）"单方面地保护你自己。"（4）"单方面地保护其他人免受伤害。"（pp. 67 – 71）这些"支配性变量"抑制组织学习、造成相互提防、产生冲突、减少冒险、阻碍有效信息的共享、提供低自由度的选择、导致单环学习（single-loop learning）。最终，这几乎总是会导致个人和组织效能的减少。这样的行为基本上是工具性的。它们以看上去文雅的方式达到行动者的目的。然而，这不是真正的"文雅"，因为它意味着一方赢而另一方输。我的所得就是你的所失，但是，我以这样的方式行动，使得我的所得可被社会接受。我尽力装作正派让你对我的所得心悦诚服。但是，因为我提防你，你也提防我，所以，我们努力掩饰这些情绪。

模型Ⅱ行为大为不同，其特征由下述支配性变量所决定：（1）"有效信息的最大化。"（2）"自由而明智的选择的最大化。"（3）"决定的内在承诺的最大化。"（Argyris and Schön，1974，pp. 86–89）这些支配性变量也意味着一套"行动策略"：（1）"使设计和管理［组织］环境成为双边的任务。"（2）"使对自我或对他人的保护成为共同的行动。"（3）"以直接可观察的方式言说。"（pp. 89–90）作为这些支配性变量和行动策略的结果，组织成员的提防和相互提防的心态大为减少，而开放和信任的心态大为增加，他们愿意面对面地解决困难问题，并致力于双环学习（double-loop learning）。这些支配性变量的结果是个人和组织效能的增加。

阿吉里斯和舍恩（Argyris and Schön，1974）的组织效能理论的主要特征之一是在单环学习和双环学习之间作了区分。他们用温度调节装置的控制论模型说明前者："当住房温度在稳定温度上下变动的时候，可以说系统在单环学习。当户主改变了温度调节装置的设定时，学习就是双环的。"（p. 19）他们举下面的例子说明这两种学习类型的差异："例如，当有人学习抑制冲突的新技术时，他就是在进行单环学习。当他学会关注冲突的出现和解决而不是关注对它的抑制时，他就是在进行双环学习。"（p. 19）

虽然学习一种新技术绝不是工具性的，但重复运用那种技术则是。一旦找到了解决问题的程式，当同样的问题再次出现的时候常常会用同样的程式去解决。令人遗憾的是，人们习惯于运用同一种程式解决不同的问题，甚至当手头上的问题与此无关时也是如此。这就可以说明人们和组织为什么往往会重复相同的错误而且一再失败。艾里克·K. 温斯洛（Erik K. Winslow）曾经这样向我描述过这种奇怪的行为："如果你拥有的唯一工具是一把锤子，那么，你的所有问题看上去就像是钉子。"① 这意味着不同的问题需要不同的程序或不同的工具。比方说，它们需要重新设定温度调节装置，而这就涉及双环学习。

双环学习或承认温度调节装置需要重新设定，需要解释性和批判性推理。境况的意义需要由卷入其中的人来解释和理解（"哎呀，这儿冷啊"），而任何改变境况的决定（"我要重新设定温度调节装置"）则以批判性推理为基础。模型Ⅱ的支配性变量和行动策略让行动者重新解释他们的境况并在他们觉得不如意的时候改变它。这显然包括批判性的自我反思——批判的本质所在。

当社会服务部请求我对工作负荷作常规性的研究时，他们依从的是模型Ⅰ。他们想从技术上尽快解决在他们看来是条理清楚的问题。我让他们采取模型Ⅱ行为，这让他们看到问题不是条理清楚的，需要他们以不同的方式理解他们的境况并采取特定的行动改变它。

反思的从业者

舍恩在《反思的从业者：职业人士如何在行动中思考》（Schön 1983）中建构了一种"实践认识论"，它与主流社会科学的认识论针锋相对。他承认技术合理性（工具性推理）的局限，因为它不能指导职业实践。他在解决问题和设定问题之间作了区分。技术合理性的手段—目的逻辑可用于解决问题，但是它不适用于设定问题，即"我们对要作出的决策、要实现的目标和要选择的手段进行界定的过程"（p.40）。舍恩指出：

---

① 人际沟通。

在现实世界，问题不会作为所予把自己呈现给从业者。必须以那些令人不解的、烦人的和不确定的成问题的境况为素材来建构它们。为了把成问题的境况转变为问题，从业者必须做某种类型的工作。他必须弄清楚起先没有弄清楚的不确定的境况。（p. 40）

对我来说，在问题设定中，弄清楚的过程涉及由解释性推理所支持的解释性研究。把成问题的境况转变为问题涉及在境况的局部与整体之间辩证地前后移动，直到问题被设定或被理解为止。这显然是一种解释学的活动。

舍恩（Schön, 1983）的非实证主义的职业实践认识论涉及不同形式的反思。他指出从业者常常在对他们的行动获得了更好的理解之后反思他们的行动（pp. 276–278）。他还指出从业者也在他们做的过程中反思他们正在做的东西。如果人们对他们在实践中正在做的东西长时间不加反思，就存在内在的危险，[以后]，他们的反思将中断实践。但是，舍恩把这看成是神话："在现实的实践中，从业者不停地在行动中反思而没有中断。对由反思所引起的中断的担心，就如相信艺术技巧无法描述一样，不是来自实践的经验，而是来自需要更多反思的实践合理性的持久不变的模型"（p. 218）。他所说的那种实践合理性的模型就是工具性推理，这两者都只关注把事情搞定。

舍恩（Schön, 1983）就他所称的从业者"与境况的反思性对话"举了许多例子。概言之，这类对话涉及倾听境况说了什么、改变境况以观察它是如何变迁的、以某种方式再造它并让它向你"回话"。舍恩把那些对话中的一种描述为"行动中的反思（reflection-in-action）的底层过程"（pp. 102–103）。他举了一个见习建筑师彼

第六章 行政研究中的行动运动：解释性研究和批判性研究的实例

特拉的例子。她在设计方面陷入了死胡同，即她不知道后面的设计该如何做下去。她的老师帮助她加入与境况的对话并让境况向他们"回话"。他与她一道做而不是为了她而做，他作出示范并让她参与到对话中。舍恩引用维特根斯坦的术语把这种对话叫做语言游戏（p.81）。

舍恩（Schön, 1983）把行动中的反思描述为与境况的反思性对话，这与技术合理性的工具性决策大不一样。他所描述的合理性类型显然是解释性和批判性的，也是对话性的。从业者努力理解境况，在这样做时，他或她试图以不同的方式——通过让境况"回话"——理解它。

舍恩（Schön, 1983）的实践认识论与行动理论的相似之处可以从他对反思性从业者与服务对象之间的关系的讨论中清楚地看到。他提出了指导反思性从业者与其服务对象之间关系的三个假定：（1）"人们以为我了解境况，但我不是在境况中唯一有相关重要知识的人。我的不确定性对我和其他人来说可能是学习的一个源泉。"（2）"找出与服务对象的思想和情感的联系。让他设身处地地发现并尊重我的知识。"（3）"寻找某种程度的自由以及与服务对象的真实联系，而无须维护职业的外表。"（p.300）

总 结

行动理论、行动研究和行动科学从根本上说依赖于知识的叙事理论并涉及讲故事。行动理论显而易见是这样的，因为它让行动者讲述他们的故事作为理解其社会境况的基础。虽然行动研究和行动科学可能涉及说明性研究的某些形式，但是，它们从根本上说更关注弄清楚故事。换言之，它们寻求与行动者一道解释性地理解行动者的境况。这种共享的故事为行动者作出改变其境况的决定提供了基础。

在本章，我指出了当行动理论、行动研究和行动科学的目标是帮助人们更好地理解他们的境况并在他们感觉到境况不可接受之际自己改变它们时，这些研究模式预设了解释和批判的逻辑。在下一章，我将讨论以行动为取向的逻辑与文艺解释的逻辑之间的关系。在这样做时，我将讨论社会行动研究的解释性和批判性路径的哲学基础。

不过，我担心组织发展领域的从业者可能不会认同我所说的行动研究是解释性和批判性研究的一种形式的论点。我担忧的是他们中的许多人过于沉浸在说明性研究的传统之中，以至于他们看不到把行动研究奠定在解释性和批判性思想和行动范畴之上的需要。然而，行动研究的早期拥护者显然看到它与基础研究、甚至与应用研究不同，虽然他们没有更进一步深入说明其差异。行动研究模型可以运用说明性研究影响组织变迁，但是并非必然如此。这种模型可以运用的知识不同于模型本身。行动研究内在地是解释性的和批判性的。这并不排除运用说明性研究或说明性知识，这也会改变该模型的解释性或批判性基础。运用行动研究模型的组织变迁领域的从业者不妨考虑解释性和批判性成分以指导其职业实践。

阿吉里斯、舍恩、赖因及其同道将会看到行动理论的解释性和批判性逻辑与其行动科学的逻辑之间的联系。阿吉里斯、普特南和史密斯（Argyris, Putnam, and Smith, 1985, pp. 69 – 85）讨论了行动科学与解释学、批判理论和后实证主义之间的相似性。舍恩与赖因（Schön and Rein, 1994, pp. 48 – 51）指出了他们的"框架反思"（frame reflection）与哈贝马斯的批判理论及福雷斯特和库恩对后实证主义的贡献之间的密切关系。帕特里克·赖尔登（Patrick Riordan, 1995）注意到行动科学不同于说明性科学，因为它具有解释学的成分，研究者与行动者在其中共同学习。通过从行动理论、解释学、批判理论、实用主义和语言分析哲学的视角阐明行动科学的解释性和批判性维度，我在本章和其他章节拓宽了行动科学的哲学基础。

下一章将回到哲学话语的层面。我将指出文艺批评的逻辑涉及解释和批判，它与行政研究的解释性和批判性路径极为相似。

第七章　社会行动、行政研究和文艺解释：解释的逻辑与批判的逻辑

在上一章，我主张虽然行政可以被当做行为来研究，它也可以被当做行动来研究。社会行动在交互主体性方面共享的包括规范、价值观念、信念、历史、期望、志向和实践在内的背景下发生。它既是富有意义的又是意向性的。在行动中，人们把意义赋予他们的环境、他们自己的行动和其他人的行动。行动可以与行为相对照。行动是意向性的，而行为是受动的。例如，为了获得跳水或游泳的乐趣而从桥上跳进河里是意向性的，而由于失足从桥上掉下去则是受动的行为。说明性研究主要注重受动的行为。它忽略了在行政的场合行动者富有意义的意向，从而对大量行政实在视而不见。解释性研究试图从行动者的观点理解行动者的意义和意向。

保罗·利科（Paul Riceour, 1971）中肯地认为，实质上，任何社会境况都可以被解释为一个文本。① 换言之，行动具有文本的意

---

① 利科在人类行动的解释学方面的早期思想被其他哲学家吸收。参见约翰·范·登·亨格尔（John van den Hengel, 1996）有关人类行动科学的讨论。作为文学哲学家和科学哲学家，罗蒂（1991）有类似于利科关于阅读文本方面的观点。在《文本与团块》一文中，他认为"硬"科学绝没有高于像文艺批评那样的"软"科学的智力优越性。硬科学研究的"团块"与人文学科研究的文本绝没有本体论上的不同。"事实的硬度只是共同体内部以前就某一事件后果达成一致意见的硬度。当且仅当相关的共同体对谁输谁赢［的意见］同样坚定时，同样的硬度也会在道德或文艺批评中盛行"（p. 80）。

第七章 社会行动、行政研究和文艺解释：解释的逻辑与批判的逻辑

义——人们可以谈论、书写、讲述关于它的故事并争论它。因此，文艺解释的理论可以应用于行政，因为它从根本上说是一个行动的问题。但是，这种解释理论的本质是什么？它是如何起作用的？

本章从文艺批评的观点出发勾勒解释的逻辑和批评的逻辑。虽然该理论主要应用于对文本意义的解释，但是，它的逻辑可以扩展到种类多样的文化科学：艺术、文学、戏剧、电影、音乐、建筑和历史——这里仅举几个例子。这些事业中的每一种都存在不同的解释理论。但是，它们都有一个可以在一般解释理论中表达的共同关注。该理论探讨一个一般性的问题：我们如何知道某事意味着什么？其他的问题是：某事可以有多重意义吗？在两种具有竞争性的解释之间我们如何选择？一种解释为真而另一种解释为假吗？选择一种解释而不是另一种解释的标准存在吗？

尽管这些问题是文化科学的核心问题，但是它们也在行政研究中出现。在公共行政中常见的案例研究和其他形式的质性研究面对同样的问题。这一领域试图从方法论的观点出发探讨这些问题。例如，案例研究应该遵循一套规定的程序以确保研究正确地进行。案例研究的价值可以用研究者遵循规则的程度来判断。但是，规则可能不是详细而明确的，甚至可能没有与稳固的哲学基础连接起来。令人遗憾的是，公共行政和某些相关领域的博士生所作的案例研究质量糟糕（White and Adams, 1995），这就产生了他们是否遵循了任何规则的问题。

只是遵循规则将导致鲁莽的方法主义。这就提出了一个问题：方法论准则在何种程度上探讨了解释的更为根本的哲学问题？没有任何人肯定地回答过这个问题，但是，人们可以推测，在许多情况下，规则没有反映问题。没有几本关于案例研究和质性研究的教科书探讨过它们所规定的方法和规则从中产生的更为根本的哲学立场。

文艺解释理论可以贯穿于公共行政中的解释性研究和批判性研

究——尤其是行动理论、行动研究和行动科学——的逻辑之中。下文将勾勒文艺解释和文艺批评的逻辑，它可以作为行政研究中解释和批评的逻辑而应用。行政研究知识的叙事理论的论点从文艺解释的某些主题中也可以得到加强。这也表明这里提出的文艺解释理论与后实证主义的真理共识论极为相似。

文艺解释

文艺解释理论主要关注于澄清有关文艺作品的意义和重要性（significance）的阐述与论述的逻辑结构，从而使批评家和读者可以意识到在解释文献时他们在做什么。它让批评家意识到他们关于文艺作品意义的主张的逻辑承诺。该理论还为原则性地接受或拒斥某一文艺作品的解释提供基础。因此，它为批评家在辩护其解释的有效性时提供可以诉诸的逻辑标准。在这方面，文艺解释理论与试图为科学说明确立证明的标准的科学哲学没有任何不同。这两种元理论活动的逻辑极为相似，只是情境不同。

文艺解释立足于解释学——解释的艺术或科学——的哲学传统之中。其历史发展可以追溯到赫尔墨斯（Hermes）从德尔斐神谕中翻译希腊诸神的神意。[这是"解释学"（hermeneutics）这个术语的来源]①，经《圣经》注解，到解释法律地位的方法，到人文科学

---

① 解释学一词的希腊文词根是赫尔墨斯（Hermes），也可以说该词来源于赫尔墨斯。赫尔墨斯是希腊神话中诸神的一位信使的名字。他的任务是来往于奥林匹亚山上的诸神与人世间的凡夫俗子之间，迅速给人们传递诸神的消息和指示。因为诸神的语言与人间的语言不同，因此他的传达就不是单纯的报导或简单的重复，而是需要翻译和解释，即把人们不熟悉的神的语言转换成人的语言，把神的隐晦不明的指令给人们解释清楚。——译者注

第七章　社会行动、行政研究和文艺解释：解释的逻辑与批判的逻辑

（艺术、历史、音乐、文学和社会科学的某些方面）的方法论基础，再到文艺解释理论（例如 Gadamer, 1975; Hirsch, 1967, 1976; Palmer, 1969）。今天，解释学作为一种哲学传统在多种情境——包括法律、文学、科学和我们在世界中的日常社会存在——下阐明解释的逻辑。

当代解释学的一个主要主题是地方性解释原则和一般性解释原则之间的区分。人们曾经认为，对于每一种类型的文本或类文本（例如社会行动）都应该有一种特殊的关于如何解释文本的意义和重要性的理论。因此，人们不要期望在《圣经》研究中准确地找到与在法律法规研究中同样的解释过程或同样的解释原则。在这些年，跨学科的学者承认不同研究领域内解释技巧、方法和原则的共同性。这导致承认在《圣经》解释、文艺解释、法律解释、科学解释甚至日常解释中可能存在一种共同的逻辑。正如 E. D. 赫希（E. D. Hirsch, 1976, p.18）所说："一般解释学要求适用于所有时代的文本解释的原则。这就是一般解释学为什么迄今为止是有权被称为一种'理论'的唯一解释。"

利科（Ricoeur, 1971）在《文本的模型：富有意义的行动被看做是一个文本》一文中令人信服地论述了解释学要求的解释原则可以扩展到社会行动领域的主张。该要求建立在这一假定的基础上，即社会境况展示了文本的某些特征，解释社会行动的方法论显示出某些文本解释的同样过程。解释性研究注重社会背景下语言传达的意义和意向并遵循在程度上而不是在种类上不同于阅读文本的解释过程，在这一范围内，解释学原则是适用的。

阅读行政境况这种想法不算牵强。正如第二章指出的，故事是组织文化研究的焦点。例如在《企业文化》中，迪尔和肯尼迪（Deal and Kennedy, 1982）把论述调查分析的那章命名为"学会阅

读文化"。他们像其他文化理论家①一样提出,一个组织的文化可以通过阅读物质环境、关于组织的文档、组织历史的共同感受和人们如何利用时间等事项来理解。对他们来说,阅读一个组织的文化包括观察、真正的阅读和访谈。他们真正谈论的是解释社会物品和社会互动的意义。但是,他们似乎不关注如何判断解释的有效性、如何在竞争的解释之间进行选择之类的问题。解释学和文艺解释理论则探讨这些问题。

当然,文本与社会行动之间的不同既带来了问题,也带来了机会。一个问题是,社会行动在组织故事、神话、隐喻、象征和信念——它们存在于组织成员的头脑中——的情境下发生;行动可以采取语词的形式并因此是短暂的和暂时的,必须与记忆领域相关。头脑和记忆是文本。为避免遗忘,解释性研究的研究者求助于磁带录音、访谈和讨论纪录以及调查笔记,它们又成为文本。这对解释性研究的研究者来说只是技术问题,而不是逻辑问题。解释性研究的一个优势是它可以与行动者讨论其行动的意义和意向。在文艺解释——尤其是当文本的作者已经去世时——中这往往是不可能的,尽管批评家为捉摸作者的意思查阅了传记资料。能够与行动者交谈是个机会,而文艺批评家不总是有这样的机会。

三条解释学原则成为解释性研究的争论点,因为它们涉及意义问题、意向问题和确认(validation)问题:(1)在确定解释的有效性方面的立场问题;(2)在确定文本或行动的意义方面作者或行动者的意向可能无关;(3)文本或行动的意义(meaning)与重要性(significance)之间的差异。

---

① 参见第二章,我在那里提到了其他几位组织文化理论家和解释性的政策分析家。

第七章 社会行动、行政研究和文艺解释:解释的逻辑与批判的逻辑

解释的立场

解释学的历史可以展现几种关于一个有效的解释由什么构成的理论。它们可以归入三种一般立场:直觉主义、实证主义、视角主义(Hirsch, 1976)。每一种立场都有吸引力,也有问题。总体来说,有些观点与实证主义科学哲学极为相似。

直觉主义主要根源于前基督教《圣经》经文,在那里,神所说的意义通过与神的直接精神沟通获得,这实际上超越了文本的语词。由于这种超越性,解释的规则就被看成是不适用的。因此,没有什么东西可以妨碍那些据以判断解释有效或无效或一个解释比另一个解释好的描述性原则或规范性原则。争执不下的解释可以靠诉诸权威——牧师——解决,因为牧师离神更近,他拥有特殊的沟通能力。

理解(Verstehen)的概念属于这种立场,因为人们相信一个人的精神可以与另一个人的精神相遇,即使另一个人在时间和空间上与他相隔(Dilthey, Makkreel, and Rodi, 1989)。毫不奇怪,科学哲学家拒斥这种理论(Abel, 1948-1949; Nagel, 1961):直觉性的解释实质上不可证明。文艺批评家避开这种模型,他们主张关于文本意义的交互主体的一致是可能达成的。因此,"解释性理解是一个交互主体的语义问题而不是心理学问题"(Deetz, 1973, pp. 154-155)。

然而,直觉主义仍然对文艺解释有影响力,因为字面意思与语词的精神之间存在不一致。意义确实超越了语词的字面意思。如果它没有超越,就不存在对文本的不同解释。行动的意义同样如此,因为行动具有超越行为的意义。因此,直觉主义者想要超越语词的字面意义或行动的外表是正确的,虽然严肃的问题不是这种超越,

而是它是否借助于精神的沟通或某种移情过程。然而，这些都不可分析和阐明。

文学中的实证主义注重语言形式和风格，把它们看成是意义的来源，而不关注与作者或行动者的意向进行精神沟通或移情。形式的问题假定了一种理想语法或语序作为判断文本意义的标准。风格的问题假定了"所指（signified）与能指（signifier）之间的一致，即表达内容与表达媒介之间的一致"（Hirsch，1976，p.25）。在这种情况下，解释性研究相当于可以用理想模型或行动类型（例如，社会组织的官僚制模型或理性决策的经济学模型）和使行动可以理解的习俗或规则和规范（例如，红灯停、绿灯行）来解释行动；就风格而言，意义不仅由做了什么来传达，而且由如何做它来传达。

实证主义立场在形式和风格的关系方面遇到了逻辑问题。实证主义的根本前提之一是形式决定意义。但是，当遇到对文本或语序的两个不同的解释时，实证主义无法合乎逻辑地说它有两种不同的形式。这个前提迫使实证主义者声称不同的解释是不同风格的函数。然而，这就与第二个根本前提相矛盾，即风格决定意义，因为面对两个不同的解释，实证主义者只能说不同的解释是不同的语言形式问题。当然，这与第一个前提相矛盾。因此，实证主义者围着这个矛盾绕来绕去，无法说明不同的解释的存在。然而，可以挽救这种立场的是"语言媒介与它所表达的意义之间必须存在某些相互关系"（Hirsch，1976，p.32）。

第三种立场是视角主义。它有两个版本：心理视角主义和历史视角主义。心理视角主义说的是文本的意义因读者而不同，因为读者的主观立场不同。历史视角主义提出了同样观点，认为作者和读者站在不同的时间点，文本的意义就各不相同。就解释相对于解释者而言，这两个版本从逻辑上说是相通的。

第七章 社会行动、行政研究和文艺解释：解释的逻辑与批判的逻辑

视角主义立场走出了解释理论的纯粹语言和逻辑领域而进入到心理主义和历史主义。如果人们不在意对文本或行动的相互冲突的解释和意义的不稳定性的话，这不一定是坏事。但是，视角主义立场等于就解释的本质作了难以从逻辑上和经验上加以反驳的独断主张。它没有为确认解释提供任何帮助。这样，对文本或行动的任何解释都与其他解释一样有效。除了说解释受心理或历史影响（这在某种程度上当然是正确的）之外，难以看出视角主义立场对解释理论作了什么贡献。

解释学中的这些立场及其与社会行动的解释的相关性可以概括如下：对富有意义的行动的解释部分地是直觉的问题，部分地是形式和风格的问题，部分地是心理和历史的问题。这些立场单独没有哪个是适当的。直觉主义主张精神的沟通超越社会的情境，听上去就奇异古怪，也没有为解释的有效性提供任何可接受的标准。实证主义关于形式和风格的相互冲突的前提导致相互矛盾的确认标准。视角主义简单而独断地证明解释的冲突在历史上或在心理上是正当的。

赫希认为借助于"可修正的图式"（corrigible schemata）的观念，他找到了一条道路可以绕过这些立场及其为解释的确认所提供的无法令人满意的选择。可修正的图式"设定预测或预期的范围，如果预测或预期得到实现就确证了图式，如果没有实现就促使我们修正它"（p.32）。他从皮亚杰（Piaget，1954）有关儿童如何建构其实在的理论中借用了"可修正的图式"的思想："皮亚杰的研究追溯我们如何理解物体稳定的同一性——尽管我们对那些物体的感觉经验有很大的不同。我们通过我们所建构的图式来做到这一点，它非常接近地与我们在语言经验中称之为意义的东西相对应。"（Hirsch，1976，p.31）因此，即使一个物体有其本身的客观同一性，

可修正的图式的观念也可以说明怎么会有对物体不同的感觉。对赫希来说这点很重要，因为他相信文本有其本身的客观意义，而与此同时，也存在对文本的不同解释。

可修正的图式提供可以检验和改变的预测或预期。它们在逻辑上类似于波普尔的科学假说是可以检验、修改和反驳的猜想的思想。对波普尔来说，假说的真理内容取决于它可以经受多长时间的经验。赫希（1976，p. 206）也相信文艺解释可以被看做是科学假说。相互冲突的解释可以由相关的证据来检查；也可以得出一种解释比另一种解释更恰当的结论。

这样，赫希（1967）借助于波普尔的主题提出了基于检验与修正解释的自我校正过程（或可修正的图式）的解释模型。它保留了直觉在图式形成过程中的地位，但没有以精神的方式超越语言，从而解决了直觉主义的问题。它改进了实证主义者的立场，因为它保留了形式和风格的概念，又允许不同的解释。它克服了心理视角主义和历史视角主义的怀疑论，因为他描述了这样一种解释的过程，它包括在形式上类似于波普尔（1972）的"猜想与反驳"的科学确认理论的确认。

作者或行动者的相关性

作者或行动者的意义和意向与对文本或社会行动的解释实际上相关吗？对解释性研究来说这是一个非常严肃的问题。如果对社会行动的解释可以成功地借用文艺解释的逻辑来巩固它自身的哲学基础，那么，它就必须与作者不相关性的理论竞争。

简言之，作者不相关性的理论说的是作者的意思或意图与文本

第七章 社会行动、行政研究和文艺解释:解释的逻辑与批判的逻辑

的意义无关。持这种观点的文艺批评家从不问这样一些问题:作者为什么写这部小说?作者想说什么?当作者这样说的时候,他或她的意思是什么?对新批评主义(the New Criticism)的追随者来说,文本的意义属于读者而不是作者。如果行政背景下的社会行动研究也可以这样说的话,组织行动者的意义、理由、动机、价值观念和意向就可以忽略不计。组织行动的意义就属于研究者而不是行动者。这与解释性理论家从行动者的观点理解组织实在的努力直接对立。 *136*
这里简要概述作者不相关性〔理论〕的主要论点以及赫希(1967)维护作者意向(这也是对组织行动者的维护)的主要观点:

1. "文本的意义是变动的——甚至对作者来说也是如此" (Hirsch, 1967, p.6)。从历史主义者的立场来看,这意味着不同时代的人对文本的理解是不同的因为不断变迁的事件和条件改变它的意义。即使作者对他自己的作品也会有不同的理解,因为随着时间的流逝,事情的发展将改变文本的意义。从心理学者的立场来看,这意味着文本对每个读者在每次阅读时都有不同的意义,因为从心理学上说没有两个读者是相同的;因为心理态度随时间而变迁。这不仅适用于读者,也适用于作者,后者有机会重新思考他所写的东西或以不同的心境看待文本。对解释性研究来说,这意味着人们每次阅读访谈纪录或调查笔记或反思他与行动者接触的经历时,有待解释的行动的意义都会变化。如果行动的意义和行动变量不稳定,系统地研究它们就绝无可能。因此,对行政行动的解释将是不稳定的。

2. "作者的意思是什么是无关紧要的,重要的是文本说了什么" (Hirsch, 1967, p.10)。这种信念的最主要的倡导者T. S. 艾略特(T. S. Eliot)主张作者一旦形诸文字就失去了对它

们的控制，他绝不比任何读者有特别的优势提出更好的解释。因此，意义只存在于文本。这样，解释性理论家可以根据他自己对行动者的语词意义的理解，自由地解释行动者所说的任何东西。这与把研究者引向行动者观点的解释的前提直接对立，是一个难以接受的论点，因为很难想象作者或行动者对他或她所说所做的东西没有任何想法。

3．"作者的意义难以接近，"用赫希（Hirsch，1967，p.14）的话来说："既然我们与作者完全不同，我们就无法在内心再现他想说的意义，而即使我们偶尔可以做到这一点，我们仍然无法确定我们做到了"。显然，这一论点来自心理学者的立场，它对文艺解释有效但不一定对行政行动的解释有效。在解释性研究中，在我们内心重新再现行动者富有意义的意向是可能的。我们采用行动者的观念，尽力让他们以他们从未有过的方式领会他们的境况。这给了行动者在改变其境况的机会——如果他们希望这样的话。

4．"作者常常不了解他［自己］的意思"（Hirsch，1967，p.19）。为了说明这个论点，赫希援引康德的看法。康德说他对柏拉图作品的理解比柏拉图更好。这里的含意是：由于客观性和历史，读者能够更好地了解作者的意思。也就是说，读者有优势把作者写的东西放在可理解性的更全面的框架下。这个论点显然属于历史主义者的立场。但是，有时候行动者的确了解他们的意思，而即使他们不了解，解释性研究者也有机会帮助他们厘清他们的意思。这里再次看出文艺解释与解释性研究的主要不同。在许多情况下，通过与行动者的对话，我们能够理解行动者富有意义的意向。

第七章　社会行动、行政研究和文艺解释：解释的逻辑与批判的逻辑

就文学而言，这些论点真的摆脱了作者吗？有些文艺批评家似乎这样想。赫希（1967）不这样看，他认为作者的意向是判断文本意思的唯一的决定性标准。否则，文艺解释就不可救药地是主观的，因此，将无法提供关于文艺作品意义的真正知识。当然，他所说的标准并非是一种逻辑的标准，因为赫希认为作品的意义与作者的意向之间根本不存在任何逻辑的联系。它是一种规范性的标准，建立在意义常常与意向相联系的经验事实上，而在这种情况下，批评家应该理解作者的意向。行动的意义与行动者的意向之间是否存在逻辑的联系尚待观察。人们可能像赫希那样认为，通常存在联系，这样，在解释性研究中我们应该尽力理解作者的意向。赞同作者不相关性的论点暗示，在作解释性研究时，我们因为有机会对话，所以在弄清楚行动者的意向方面不会像文艺批评家那样受到严重的牵制。

意义与重要性

解释学的第三条原则是意义（Meaning）与重要性（Significance）之间的关系。它有助于解决作者不相关性方面的某些争论，也促进一种背景的形成，即顾及对作者富有意义的意向进行解释的背景。

有两个在逻辑上先于意义与重要性之间区分的根本假定。第一个假定是除非文本存在一个稳定的意义，否则解释是不可能的。第二个假定是因为文本的意义变化，解释是不可能的。无论哪个假定都面对相互冲突的解释这一现实。直觉主义者和实证主义者都从意义稳定的假定出发。直觉主义者试图依靠诉诸更好的权威和乞灵于精神沟通的概念——这超越了逻辑或经验分析的领域——处理解释

的冲突。实证主义者试图以逻辑的方式处理相互冲突的解释,但这种方式遭遇形式与风格之间的矛盾,实证主义者无法坚持这样的方式,因为它暴露出他们的逻辑是不一致的。视角主义者从另一个假定出发,即意义始终变化。结果,解释的冲突陷入相对主义的泥沼。这两个假定——稳定性与变化——是根本的。每一个假定都是完全不同的解释理论的基石。

赫希(1967)断言作者的意向是确定文本意义唯一的标准,而文本对其他人的重要性可以说明为什么会有不同的解释,这样他就接受了这两个假定。意义指文本的全部文字意义,即作者意指的意义,它不会因不同时代的阅读而发生改变。重要性指在更大背景——另一个人的头脑、另一个时代、一个更大的主题、一种不同的文化、另一套价值观念体系或不同的标准——下的文本的意义。这种区分把作者拉进来,就解决了作者不相关性的问题,但是它仍然顾及到对独立于作者意向的重要性的文本解释。

意义与重要性之间的这种区分有助于解决行政行动理论的逻辑方面的某些问题。例如,可以说富有意义的意向与对行政行动的解释是不相关的,这样就把行动者从所有解释的尝试中驱逐出去。还存在着不同的研究者或行动者与研究者之间对同一个行政行动有不同的解释的问题。但是,同行动者一道确定行动的意义保留了行动者的观点,这对行动理论的批判功能是绝对必要的。考虑到存在对行动的不同解释,就会承认行动者的所作所为对不同的研究者和其他社会行动者来说能够表示某种不同的东西。

在任何对解释性或批判性的组织研究的应用中都可能存在对行政行动的不同解释。不同的研究者以及其他的组织行动者会提出对同一行政行动的不同解释。意义与重要性之间的不同——借助于同行动者一道确定行动的意义方式——解决了对行政行动的相互冲突

第七章 社会行动、行政研究和文艺解释：解释的逻辑与批判的逻辑

的解释的逻辑问题。它确保了意义的稳定性，而这是解释可能性的逻辑前提。从逻辑上证明相互冲突的解释的存在正当性就成为重要性的问题。不同的研究者和组织成员在单个的行政行动中可以发现不同的重要性。简言之，行动的意义与行动者的意向联系在一起。对行动意义的不同解释是一个对其他人有何重要性的问题。

意义与重要性之间的关系呈现出一幅解释与批评之间的逻辑关系以及这两者在行动理论的实践中的规范性差异的清晰图画。对意义的解释所寻求的是知识；对重要性的批判涉及的是对价值的判断。解释注重社会行动者在行动变量、他们自己的行动和其他人的行动上赋予的意义。行动理论家的任务是从行动者的观点出发尽可能最好地理解这些变量。也就是说，解释尽力理解行动者的意思和意向。通过把意义奠基于行动者的意向，意义得以稳定。用赫希（Hirsch，1976，p. 146）的话说："意义是解释中稳定的知识客体，如果没有它，人文学科的广阔知识就不可能。"批评集中在行动或社会境况的重要性方面。因为行动的重要性对其他人而言始终是重要的，它不可能稳定不变。对某人重要的东西对其他人可能不重要。由于没有稳定性，重要性就不能是知识。重要性属于"价值的不稳定领域"（p. 146）。重要性取决于批判性的判断。在解释意义的过程中，"一个人顺从（submit）另一个人——从字面意思上说就是一个人站在他之下"，而在判断的过程中，"一个人像法官那样独立地（根据自己的权威）行动"。但是，这是狭义的判断。更宽泛地说，"判断行动是解析某种关系，无论它是意义与价值标准之间的关系，还是意义与其他想象的事物之间的关系"（Hirsch，1967，p. 143）。

对社会境况的评价是任何行动理论的要义，因为行动理论尽力帮助行动者以不同的方式理解自己的境况，并尽力就他们的境况是否应加以改变作出价值判断。而这是行动理论与文艺批评的不同所

在。赫希（Hirsch，1967）所关心的是说明文本如何能够具有稳定的意义而同时又能够以不同方式被阅读。他借助于解释作者的意向以说明稳定的意义，借助于显示文本可以对不同的读者表示不同的东西以说明不同的阅读。重要性是关联性的，并涉及读者的判断。行动理论家回过头来求助于行动者，并要他们对重要性作出批判性的判断。这〔也〕可能发生在文艺批评领域——当作者读到对他的作品的评论之际，但它不是焦点。〔因为〕在文艺批评中，批评家支配一切。行动理论家要求行动者成为批评家，进行批判性的自我反思，即在与他的境况的关联中看自己。只有当这种关联确立后，行动者才能作出关于其功效的判断并选择改变它。重要性、价值和判断是逻辑上的和规范性的概念，它们支持从行动理论的观点出发致力于组织变迁的努力。

在说明性研究中一般找不到行动理论的这种批判性—评价性的维度。正如前文所指出的，它可以在行动研究和行动科学中找到。只要研究者帮助人们界定他们自己的问题、想出自己解决问题的办法并采取自己的行动解决他们的问题（正如沙因等行动研究者或阿吉里斯、舍恩和赖因等行动科学家所做的那样）他们就是在运用解释和批判的逻辑，它类似于（如果说不是同一个的话）文艺批评的逻辑。因此，文艺批评中的解释的准则与确认的标准可以扩展到公共行政研究中。

解释的准则

解释有两个逻辑的和实际的阶段：探究的过程与确认的过程。这一节提出与探究的过程相关的解释的准则，下一节提出确认的标

第七章　社会行动、行政研究和文艺解释：解释的逻辑与批判的逻辑

准。解释的准则和确认的标准不仅与对文本的解释和批评相关，而且可以应用于任何像行政那样的类文本的社会境况。

解释学提出了探究过程的四条解释的准则（Giddens，1976，p. 62；Kockelmans，1975，pp. 86 – 88）。**自主性准则**要求行动者及其信念、感受和行动必须按照其本身的情况来理解。因此，不应该把理论盲目地强加在行动者之上，而应该检查它们是否适合［行动者的］境况。为了确定理论与特定情况的相关性，有必要进行局部的探究。它包括"悬置"（bracketing）人们的"偏见"或"前理解"以获得关于局部境况的真正知识（Gadamer，1975）。要做到这一点很难，因为我们对新事物的理解都是从我们已知的东西出发的。解释性研究要求我们确定相关行动者的意义而不把我们自己的意义强加于其上。在大多数情况下，对文本完整的、自主的理解大概不可能，但是必须达到在某种程度上对文本或社会境况按照其本身的情况的理解。

一致性准则主张行动者必须在其自身的背景下的互动中被理解。这样，解释性的研究者必须接近并理解行动者在其自身的境况中的所说和所为，这是组织的解释性文化研究的共同经验。换言之，研究者必须以与组织成员一样的方式理解组织文化。正如自主性准则的情况那样，这不可能完全实现。想想看，组织成员也不可能对他们的文化有完全一样的看法，但是，研究者必须得到某种程度的共同经验。

前理解准则强调解释者拥有行动者的某些先在经验。必须存在某些共同的经验把研究者与行动者连在一起。例如，要求计算机编程员解决组织的冲突和不信任问题，就违反了这条准则。虽然编程员由于是组织的一员很可能会具备某些冲突与不信任方面的知识，但是，他的前理解是极其有限的。然而，拥有解决冲突与建立信任

经验的组织的咨询者就具备必要的前理解。

有效性准则说的是解释必须与行动者的意向一致。必须从行动者的观点出发理解他们的所说和所为。这包括与他们沟通以了解他是否理解了他们的信念和意向。然而，这可能是个问题。正如作者的情况那样，组织的行动者可能不了解他们相信什么或意向是什么，或者，他们的信念或意向在某些方面被误导了。研究者必须留意这种可能性并必须随时准备帮助行动者反思其信念和意向以便检查其真实性。

在社会服务部进行研究时，我的解释涉及这些准则中的每一条，这在上一章中已经讨论过了。就**自主性**而言，我尽力不运用我自己的个人经验或组织行为学知识对行动者的境况先作判断，而试图按照他们本身的情况理解他们。就**一致性**而言，我始终一贯地对照他们检查我对其实在的解释，试图以与组织成员一样的方式理解组织文化。我自认为我充分地达到了**自主性**和**一致性**，因为解释获得了成功。**前理解**不难达到，因为我先前就具备关于组织、组织行为和社会服务方面的知识。但是，对我来说，仍然有许多新东西要理解，因为这种文化具有独特性。我通过始终一贯地对照他们的解释来检查我的解释而达到**有效性**。在许多情况下，组织成员按照我讲给他们的故事改变他们的解释。例如，某个项目有三个代表对我说："现在我们知道了为什么 XYZ 项目的人以他们的方式做事。"这样的事例经常出现，同时，我终于理解了组织的不同部门的不同实在。组织中许多人也开始真心理解实在及组织的其他部分人对实在不同的、更真实的理解。最后，这种介入给我留下深刻的印象：对解释性的研究者来说，在探究的过程中记住解释的准则是多么重要。解释性的研究者也应该密切关注确认的标准。

第七章 社会行动、行政研究和文艺解释：解释的逻辑与批判的逻辑

确认的标准

赫希（1976）求助于波普尔（1957）的确认理论以寻找文艺解释表达的逻辑标准。这对解释社会行动来说是重要的。这样的解释确实是关于人们所思考、所感受、所珍视的东西的假说，也是关于其行动的理由、动机和意向的假说。但是，解释性研究不是实验科学。波普尔的确认理论既提倡逻辑分析，也提倡对假说的反复检验。解释性研究可以仔细检查解释的合法性、符合性及类的适当性，但是对一致性的检查是困难的，因为解释不是严格科学意义上的实验。解释是阐明性的（explicative）。

文艺解释的标准是合法性、符合性、类的适当性和一致性（Deetz, 1973; Hirsch, 1967; Palmer, 1969）。如果社会行动可以被看成是文本或文本类似物，这些标准——至少是以某些经过修正的形式——就应该适用于对社会行动的解释。

第一，合法性指在一个既定的社会行动者群体的规范和价值观念的背景下解释是否可能。例如，从教师或学生的视角出发解释大学高层管理者的行动是合法的吗？这是个悬而未决的问题，因为每个群体很有可能都有不同的规范、价值观念、信念和关于高等教育的世界观。

第二，符合性指文本的重要性是否与读者的经验相"符合"。这假定了某些共同的话题和对经验进行反思的愿望。例如，对居住在保留地的土著美国人的经验方面的案例研究会不同程度地"符合"土著美国人，但不会符合大多数非土著美国人。换言之，它的重要性不同。一个非土著美国人可能会对这个话题感兴趣并接受其重要

性以获得一个土著美国人在那种情况下可能获得的同样水平的理解。非土著美国人绝不可能会获得与土著美国人相同的对重要性的理解，但是却可能获得共同的话题，从而能够对那种重要性进行富有意义的讨论。

第三，类的适当性指种类，例如，像解释一本书的重要性那样解释一部电影的重要性是否适当。人们常听到："哎，这部电影不如书那么好！"——这部分是由于种类不同。在大多数情况下，在不同的种类之间进行判断是不公正的，虽然一直还有人作出这样的解释。这就像在苹果和橘子之间作比较。在大多数情况下，判断电影应该参照其他电影，判断书应该参照其他书。

乍一看，类的适当性标准似乎难以应用于行政研究，但是，在隐喻的意义上相关的事例可能存在。在选取研究路径以回答特定问题时这是显而易见的。所要研究的问题需要说明性的路径或解释性的路径吗？所要研究的问题适合用数据收集或假说检验［方法］吗？应该运用什么类型的数据收集技巧和什么类型的统计检验？应该用质性研究方案处理问题吗？如果是，用哪种？因此，对研究路径和研究技巧的选取类似于对类的选取。关于应该采用什么路径处理所要研究的问题的判断在评价这一领域的研究质量方面是适当的。

第四个标准是一致性——解释是否有道理。在说明性研究中与此类似的是假说能否用实验或准实验检验。用实验检验文艺解释是难以想象的，但是，有人提出了一种检验文艺解释［的方法］。文艺解释类似于假说。对解释性假说的检验是进一步解释。文艺批评家必须提出解释以供批评，他们必须为其可信性给出好的理由；在解释冲突时，他们必须论证为什么一种解释好于另一种解释。因此，文艺批评以实践推理——论证、协商和判断——为基础，以达成对文本意义的共识。

第七章 社会行动、行政研究和文艺解释：解释的逻辑与批判的逻辑

一致性标准与公共行政的解释性研究直接相关。任何类型的质性研究的产物都是解释，而任何解释都是各种各样的假说。它通过追问解释是否有道理而接受"检验"。例如，对某个国家机关的重大组织变迁的案例研究得出结论说，变迁的努力是成功的，因为它得到了高层管理人员的支持和那些可能受变迁影响的组织基层成员的积极参与。对照我们关于组织发展与变迁的知识背景，这样的结论看上去是有道理的。因此，它们可能会被接受为有效的，并作为组织变迁的努力应该得到高层支持和组织相关成员参与［这一结论］的进一步证据。

赫希（1976）认为，文艺解释的逻辑应该遵循波普尔（1959）的科学确认理论。波普尔认为科学假说绝不能被证明，它们只能被引进相互竞争的、敌对的假说所反驳或拒斥。正如库恩（1970）所说，绝不存在据以选择一个假说而不是另一个假说的普遍标准。相反，像全面、优美、简洁这样的地方性的价值观念就够用了。这些和其他一些价值观念在科学家共同体之中形成接受或拒斥假说的论证基础。只要特定的假说经受住了拒斥，它就被认为是关于某物的公认的知识。

通常这样的论证通过科学和学术期刊的编辑盲审过程进行。研究成果与其研究方案以手稿的形式提出。审稿人就其成果和方案的价值进行争论——更不用说研究的目的及其重要性了。手稿常常因为没有涉及重要问题或方案不适当或技术不合适而遭拒绝。然而，如果满足了这些标准，且研究发现增加了现有知识体系，手稿被接受并发表，它就可能受到研究者共同体的关注。如果满足了方法论的标准，手稿很少因为其发现与这一领域的现有知识相左而被拒绝。提出需要进一步研究的反常发现的机会就来了。

像科学假说一样，文艺解释需要检验。只要文艺批评家共同体

或多或少地坚持共同的解释，解释就被看做是有效的。一旦提出了一个竞争的解释，它就必须与现有的解释相对照和相对比。其价值将在合法性、符合性、类的适当性和一致性标准的背景下得到辩论和争论。最后将决定，现有的解释是否应该被拒斥而赞同竞争的解释，或是按照竞争的解释加以修正。

文学经历与科学研究类似的过程。例如，一首诗由编辑或其他诗人来审稿。它的价值依据审稿人所持有的地方性价值观念来判断。如果这首诗的文学价值得到实质性的认可，通常就会发表。当出现一种对现有文学作品的竞争的解释，争论就升温。根据赫希（1976）的观点，对它们的最后裁定以这四个标准为基础。当一种对现有作品根本不同的解释发表出来时，学者共同体之内的争论就会火上浇油。类似的过程出现在其他人文科学——例如，历史、音乐、艺术和建筑——领域。

认为文艺解释的有效性标准不适用于对公共行政的解释性研究的评价是毫无理由的。这一领域内的大多数解释性研究要通过同行的盲审。很少有人知道审稿人对所提交的解释性研究手稿的价值的判断依据什么标准，因为没有人反思过他们的价值观念和标准。文艺解释的标准为思考公共行政的解释性研究的判断标准提供了一个很好的起点。对解释性研究来说尤其是这样，它常常在质性研究、民族志研究、参与性观察研究或案例研究的名下进行，因为它大多与讲故事相关。

总结：类的融合

文艺解释的逻辑与后实证主义科学哲学的真理共识论的逻辑之

第七章 社会行动、行政研究和文艺解释：解释的逻辑与批判的逻辑

间存在密切的联系。文艺批评家必须提出解释以供批评，他们必须为其可信性给出好的理由；在解释冲突时，他们必须论证为什么一种解释好于另一种解释。因此，文艺解释以实践推理——论证、协商和判断——为基础，以达成对文本意义的共识。

正如在第五章所指出的，后实证主义科学哲学承认科学探究和说明的逻辑也以实践推理为基础。今天，科学哲学的中心问题是：我们如何在相互竞争的陈述、假说、理论和范式之间进行选择？我说过一些科学哲学的核心人物已经发觉自然科学和社会科学的解释学维度。这就把解释和批评放在理论选择的基础地位上。在有关理论的可接受性和理论选择的标准方面的实践话语的对话模型中可以发现科学的合理性以及公共行政研究的合理性。因此，赫希提出的解释和批评的逻辑与自然科学和社会科学的逻辑相距并不甚远。确实，自然科学、社会科学和文化科学使用同一种推理模式，这使社会解释甚至自然解释的逻辑与文艺解释的逻辑极为相似。推理的模式是植根于实践话语的对话模型中合理性理论的基础。 *150*

下一章提出所有知识形式的语言学基础。在那一章，我将归纳来自几位后现代哲学家和社会理论家的主题以表明语言如何形成我们可能拥有的任何知识——说明性的知识、解释性的知识或批判性的知识——的基础。 *151*

第八章 认真对待语言：一些后现代的主题

后现代主义是文化科学（例如，艺术、建筑、文艺批评、历史、语言学、政治学和哲学）和社会科学中的一场思想运动。虽然精确的日期难以确定，但大多数学者同意后现代出现在20世纪70年代。20世纪50年代和60年代就有人用过"后现代"这个词，但是直到随后的十年，它才流行起来（Rose, 1991）。

一般地说，后现代主义承认启蒙运动对普遍真理、正义和美的允诺不会在现代社会中实现。除此之外就很难给出一个统一的概念了，因为其主题和思想形形色色，迥然有别。有些后现代主义者例如雅克·德里达可能会对这种困难欣欣然，因为他的观点之一是事物由于其多样的和不稳定的意义而无法精确地界定。对某些后现代主义者来说，绝不存在亘古不变的真理和判断真理的标准。因此，绝不存在精确的定义，当然也不存在真正的知识。

我不赞同某些后现代主义者所持的关于真理不可能性的极端立场。虽然我反对实证主义的真理观，但是，我仍然相信公共行政研究的真理共识论——它建立在对语言如何构成这一领域知识的理解的基础之上——和广义的合理性理论。出自某些被贴上后现代主义者标签或自己有意贴上该标签的哲学家和理论家的某些思想和主题对这种真理理论作出了贡献。因此，本章介绍某些对公共行政研究的知识的叙事理论作出贡献的后现代主题和思想。它还将说明后现代主义对公共行政的理论与实践意味着什么以及它所提出的挑战。

从后现代对社会与知识的反思中出现的四个主题对公共行政知识的发展和运用产生了直接的影响。第一个主题是不存在支配某一职业领域的理论与实践的宏大叙事。这直接导致关于某一职业领域及其学术基础的合法性问题。第二个主题是所有知识形式——甚至是科学知识——的后现代语言学基础。它不同于第五章所讨论的后实证主义的语言学转向。第三个主题是后结构主义者关于任何学科或领域的知识地位的问题。这个问题是,任何形式的有效知识是否可能;如果可能,那么其本质是什么。第四个主题是理查德·罗蒂 (Richard Rorty, 1989)把哲学和科学的逻辑重构为建立在一群研究者所共享的共同语言实践基础之上的对话。本章将概述每一个主题,我将以此为背景指出公共行政始终具有后现代性的某些特征,因为学者们为了理解该领域,致力于几种话语或对话以阐发地方性的叙事。这些主题对公共行政的含义将在本章的最后部分讨论。

154

宏大叙事的失落

传统社会——由家庭、氏族、部落、采邑、王国和早期民族—国家构成——先于现代和后现代。正如让-弗朗索瓦·利奥塔 (Jean-François Lyotard, 1984) 所指出的,传统社会的知识采取叙事的形式:故事、神话、寓言、传说或传闻,它们一代代地传下来。这些叙事先作为口述史而口头流传,后来,它们以书写的形式在有阅读能力的精英之间传播,但是它们的意义大部分仍然以口头的形式向大众表达。

在传统社会,叙事起着几种重要的作用。它们告诉人们相信什么、如何行动、在一生中可以希望什么。通过叙事传播的规范和规则为那些相信叙事的人确立了社会联系以及社会的、政治的和经济的实践。叙事赋予传播它们的机构(例如,教会、国家和巫师)合法性。叙事还包含关于真理、正义和美的陈述标准。毫不奇怪,团结一致的社会群体拥有调节其内部成员彼此互动以及与其他没有同样合法化叙事的群体互动的共同的叙事。有时这导致武装冲突,尤其是因不同宗教叙事而发动的战争。

取代传统社会的现代性是启蒙运动的产物。启蒙运动是孔德那样一些学者开启的旨在以实证的科学知识——它被认为是确保真理的唯一的知识类型——取代叙事知识的一种尝试。启蒙运动唤起了希望:一种理性的、客观的科学可以控制自然和社会的力量。还有一种希望是,在人文学科和法律中理性的、科学的态度将确保道德进步、普世正义、自主艺术和普世幸福。被启蒙运动鼓舞的哲学家、社会理论家和后来的科学家梦想这样一个社会:在那里将出现普遍真理、正义、善、繁荣和美。实证主义相信存在着合理性的普遍标准,相信实证主义科学的力量和技术合理性力量。坚持这种实证主义信念,这个梦想在科学、法学、经济学、政府、文学和艺术领域就可以实现。

启蒙运动的梦想只在有限的程度上实现了。自然科学在控制自然和把人类从物质的束缚下解放出来方面取得了某些成功,但并非没有事与愿违的后果,例如,产生了威胁全世界的环境问题。在人类事务中应用科学不那么成功。事实上,社会科学虽然积累了关于我们社会存在的知识体系,但是,大体上它在描述、说明、预测(更不用说)控制人类事务方面没有获得成功。

利奥塔(Lyotard,1984)指出,现代社会的主要特征是存在宏

第八章 认真对待语言：一些后现代的主题

大叙事，或者说，"现代性的宏大叙述"，它塑造了信念系统并引导个体和集体行动。西方社会接受不同的宏大叙事，其中包括精神辩证法（黑格尔主义），意义的解释学（法国现象学和存在主义），理性或劳动主体的解放（马克思主义）或财富的创造（资本主义）。相信科学拥有解决自然问题和社会问题的力量本身就是一种宏大叙事，这就是彼得·伯格、布里吉特·伯格和汉斯·科尔勒（Berger, Berger, and Kellner, 1973）所说的现代性的主要特征：技术合理性、官僚制行政国家和多元主义政治。在美国，似乎可以说，支配 19 世纪大部分时间和 20 世纪一部分时间的宏大叙事是下述主题的混合物：进步、个人主义、效率、慈善、命运天定、自由、开发、支配和民族主义。这些主题或价值观念不仅指导个体行动而且指导商业活动和公共政策。

后现代主义被描述为宏大叙事的合法化力量的崩溃（Lyotard, 1984），它不再为我们的生活提供指导和方向。对那些曾经相信它们的人来说，这导致失落感和无意义感。同样的无意义——没有失落——存在于那些从未有机会运用宏大叙事的人当中。上文所提到的所有宏大叙事都失去了其合法化功能——它们不再为所有人提供对社会以及对个人在社会中的地位的全面理解。

我们不再面对宏大叙事，我们现在面对地方性叙事的多元主义。社会中的不同群体编织它们自己的地方性叙事从而为其生活提供意义：

> 地方性叙事帮助共同体成员为自己也为他人理解他们自身。它们界定谁是参与者、他们可以占有的适当位置、他们可以扮演的角色、他们可以持有的信念，他们可以拥有的感受以及他们最终可以采取的行动。然而，它们只对有关群体或共同体来

说才具有合法性。(White and Adams, 1995, pp. 3 - 4)

因此，生活只是在地方性的层次上才可以变得有意义，而在这个层次上始终存在着地方性叙事相互冲突的危险。人们编造出来界定他们自身及其命运的故事脆弱不堪。当它们破裂时，得讲新的叙事（或故事）以寻找重返生活的意义。

坚持不同的地方性叙事的个人与群体之间会产生冲突。大多数时间这些冲突可以用某种程度的礼貌来处理。例如，电影批评家由于各自持有不同的有关电影制作的某些地方性价值观念而可能对一部电影的艺术质量各执己见，但是，他们很少会因此而大打出手。如果他们选择对彼此的解释充耳不闻，他们就进不了实践的话语领域。如果他们彼此倾听但仍然各执己见，只要他们理解各自观点背后的其他人的立场和理由而无须实际赞同它们，就仍然达成了实践的话语。这样的实践话语类似于——如果不是等同于——后实证主义科学哲学家主张的实践话语。

我们有一套法律体系确保和平地解决持有不同的地方性叙事的群体之间的冲突。但是，仍然存在可以称得上是战争状态的情况，它有时以言词的形式呈现。例如，想想有关堕胎的争论以及语言在其中是如何运用的吧。人们可以是支持堕胎者（pro-choice）或支持生命者（pro-life）。这是礼貌（政治正确？）的反对，因为"pro"意味着积极的立场。人们也可以是反堕胎者（anti-choice）或反流产者（anti-abortion）。这些词是不礼貌的，甚至是敌对的立场。支持某事比反对某事更礼貌。令人遗憾的是，当反流产者袭击做流产手术的医生时，语言冲突就转变成肢体冲突。极端地支持生命的人与极端地支持堕胎的人通常各说各的，对别人说些什么充耳不闻。在这种情况下，就没有达成实践的话语。

第八章　认真对待语言：一些后现代的主题

两个传统的例子有助于说明地方性叙事在后现代社会中的作用。首先，想想街头流氓团伙吧。实际上在美国的每个大城市，由年轻人（有时是年轻姑娘）形成的街头流氓团伙为其生活提供意义。这些团伙有大多数普通市民无法理解的自己的语言。他们还穿戴使自己区别于主流社会和其他团伙的服饰。他们创造其他人无法理解的自己的艺术形式——墙壁涂鸦和敲击音乐。他们常常卷入按照他们自己的叙事是合法的但从社会其他人的立场看显然是非法的行为。按照流氓团伙的地方性叙事，驱车射击、吸毒和毒品交易是合法的行动。团伙成员不买指导主流社会的大多数成员行动的刑法和民法叙事的帐。对他们自己来说，团伙是一种文化、一个社会，它与主流社会冲突。

第二个地方性叙事的例子是专门化的学术专业和职业的发展。20世纪早期，韦伯（Weber, 1958b）对高等教育的现代状况作了预测。他认为，官僚化和工具合理性的力量将产生技术专家而不是有教养的个人。今天，不断增长的学术专门化以及专业和职业项目的激增就说明了这一点。知识的专门化产生了众多的地方性叙事或语言游戏，在它们之间有时甚至在它们的内部，富有意义的话语不再可能。例如，对生物化学，我作为公共行政学教授与生物化学家没有多少富有意义的话可说。而生物化学家对我的专业领域也一样。学科专门化产生出使学者们互相疏离的地方性叙事和语言游戏。

甚至在学科或专业领域内部，不同的地方性叙事或语言游戏使学者们彼此隔离，并有可能产生出思想的战场。公共组织可以从几种不同的地方性叙事的观点来研究，而每一种观点都以不同的方式看待公共组织。例如，有采用经济学或公共选择理论的视角研究组织的，也有采用文化的视角研究组织的。每一种视角对公共组织的结构和职能都会讲一个极为不同的故事。从不同视角出发的研究者

158

由于各自的地方性叙事或语言游戏而极有可能各说各的，这样，就不能达到实践的话语领域。当从一种视角出发的研究者草率地对从另一种视角出发的研究者表示不恭，某种可以称得上是战争状态的情况就可能爆发。

宏大叙事的失落所造成的后果有许多其他的例子。从启蒙运动的视角来看，社会绝不是合理的。科学、道德、法律和艺术领域已经制度化，与普通人的"生活世界"的经验相隔绝，并控制在像公共行政人员那样的专家（Habermas，1970）的手里。技术培育了一种工程心态，它侵入我们的私人生活并决定有关政治、家庭、教育、休闲活动乃至我们的心理问题方面的重要决策。官僚制使人们丧失个性，使他们的行为成为可以预测的（Hummel，1994）。符号领域的多元主义出现了，在不同的价值观念和信念之间产生冲突。在公共领域，我们的自我认同根据匿名性和非人格性来界定；而在私人领域，亲密、意义和活力形成我们的自我认同。令人遗憾的是，公共领域急剧扩张，而私人领域严重萎缩（Berger, Berger, and Kellner，1973）。所有这些，再加上丹尼尔·贝尔（Daniel Bell，1976）在现代社会看到的享乐主义、不服从、自恋以及社会认同的缺失，远不是启蒙运动的合理性信念所以为的整体。相反，社会支离破碎。这种碎裂通过考察地方性叙事的语言学基础可以得到部分的理解。

知识与地方性叙事的语言学基础

现代社会的一个主要特征是科学知识的增长，人们对科学知识欢呼雀跃，认为它从根本上不同于曾经指导社会实践的故事、神话、寓言、传说和传闻。事实上，实证主义形态的科学是所有叙事中最

第八章 认真对待语言：一些后现代的主题

为宏大的叙事。知识分子相信，严格遵守自然科学、社会科学和文化科学中的普遍的合理性标准就会产生普遍的真理、正义、繁荣和美。如上所述，这种宏大叙事没有寿终正寝。科学哲学家仍然在寻找标准或检验科学说明的有效性的某种依据。文艺批评家仍然在寻找确定文本意义的标准。法律理论家仍然在争论法律的本质和意义。一些后现代主义者质疑是否能够存在任何对科学知识的合理证明。这样的批判针对科学，但是，它们也可以扩展到文化科学。

利奥塔（Lyotard，1984）认为，科学不是某种巨大、完整、统一、自主和理性的实体。他借用维特根斯坦（Wittgenstein，1953）的语言游戏概念，主张科学只是另一种形式的叙述，因为所有知识从根本上说都是玩语言游戏。虽然可以有不同类型的叙事——科学只是其中的一种，但是，所有叙事都是玩语言游戏。语言游戏建立在规则的基础之上，规则使发出的音对交谈者共同体产生意义。规则既不是标准，也不是普遍的；相反，它们由含蓄和明示的约定所确立。这个结论非常类似于库恩所说的，科学家依靠地方性价值观念确定命题或假说的有效性。

对利奥塔来说，语言游戏是不可通约［不可公度］的，每一种游戏的规则都各不相同。例如，科学家玩指示性的（denotative）语言游戏，在这种游戏中，规则允许在真陈述与假陈述之间作出区分。科学家不应该玩规定性的（prescriptive）语言游戏，这种游戏区分正义的陈述和非正义的陈述；他们也不应该玩技术性的语言游戏，在这种游戏中，规则把关于有效率的陈述与无效率的陈述区别开来。因为规则在不同的游戏中是不一样的，所以，科学家可以玩规定性的语言游戏或技术性游戏，但这时他们就不是在从事科学工作。

在我们的日常生活中，我们可以发现我们遵守许多地方性叙事，因而玩众多的语言游戏。它们是我们据以理解世界并相应地行动的生活形式。在日常生活中,我们在扮演不同的角色的时候都在玩不同的语言游戏。当我扮演研究者、教师、行政人员、咨询者和丈夫的角色时,我就进入不同的语言游戏中。当我作说明性的、解释性的和批判性的研究时,我也进入不同的语言游戏。在极偶然的场合,当我与本科生接触的时候,我想有时我正在说电视剧《飞越比佛利》(Beverly Hills 90210)① 中的语言,而我却根本不理解它的规则。

不可通约性意味着可以存在不同类型的知识,然而,单是这一点不足以支持科学知识高于任何形式的知识这样的现代信念。利奥塔认为,为维持其在社会中的合法性,科学知识最终必须诉诸其他形式的叙事知识。例如,有关科学力量的通俗故事增强了这样的信念:它在真理标准方面有特殊的优势,或科学知识是正义的或优美的。信念虽然如此,但是科学不是知识的高级形式,它只是知识的一种类型。它不是从任何康德式的或先验的立场,而是从外在于科学的力量和制度——即传媒(它赞美科学的美德)和企业及政府(它们资助大部分科学研究)——获得其合法性。

弗里德里克·杰姆逊(Frederic Jameson, 1984, 1985)在语言、讲故事和科学方面采取最激进的立场。他认为,叙事不仅仅是一种局限于文艺批评领域的文艺形式。相反,他令人信服地争辩说叙事是文学、科学、艺术和社会领域中所有知识的基本的认识论范畴。这不是说我们为了理解我们的世界而编故事——虽然我们确实如此。我们对我们自己或其他人所讲的关于我们的经验的一切最终都是故事。杰姆逊的立场比这远为激进。他认为我们仅仅通过故事获得关

---

① 美国洛杉矶的比佛利(Beverly Hill)的邮政编码是 90210,是美国富豪和名人的聚居地。FOX 台拍摄的著名电视连续剧《飞越比佛利》(Beverly Hills 90210,是一部讲述朋友之间关系的青春类题材的作品。——译者注

于世界的基本经验。我们不编造故事就无法想象某事。如果不编织伴以生活和赖以生活的故事,世界的意义就不可能。所有自然的和社会的经验之所以有意义,只是因为它是某个现行故事的一部分,该故事讲述在与其他人的关系中人们是谁,他们可以想什么和相信什么,他们可以希望什么,他们可以怎么行动。因此,所有知识乃至科学知识①都是一个故事。

我同意利奥塔和杰姆逊的观点。科学从根本上说是叙述,它植根于语言并以不同的语言游戏或生活形式的方式出现。它是一个故事,而科学研究和知识增长像讲故事那样不断发展。它是一种高度形式化的讲故事的形式,这使它不同于其他类型的故事,但是它从根本上说仍然是一个植根于叙述的故事。科学知识的增长依赖于科学家彼此就各自的所作所为而讲述的高度专业化和形式化的故事。这对解释性和批判性研究来说也正确。每一种研究模式都有它自己的讲故事的形式,它们各自以不同的语言游戏为基础。

后结构主义

后结构主义一般与后现代主义联系在一起。大多数后结构主义者关注文化科学的哲学基础。因此,他们注重文本的解释和符号系

---

① 唐纳德·E. 坡金霍恩(Donald E. Polkinghorne, 1988)虽然不是后现代主义者或后结构主义者,但是,他在《叙事性的认识与人文科学》一书中追溯了叙事性认识的历史及其在历史、文学、心理学和社会学中所起的基础作用,更为根本的是它在理解人类存在中所起的作用。虽然他可能不会与杰姆逊站在同一边把叙述称为根本的认识论范畴,但是,他认为叙述是所有获取知识的努力的基础,这个观点是非常有力的。

统。但是，有些后结构主义者的主题同社会科学和行政科学（social and administrative sciences）有关。

结构主义是一种渗透性的世界观。它假定所有现象都有不变的结构，任何特定现象的不同组成部分都可以按照由它们所形成的结构来说明。例如，当化学家研究一个分子时，他们不仅考察分子的组成部分而且考察这些组成部分彼此联系的方式。组成部分之间的联结关系构成分子的结构，组成部分的行为由它们的结构所决定。托马斯·K.宋（Thomas K. Seung, 1982）指出，自欧几里德、柏拉图、亚里士多德和笛卡儿以来，结构分析已经成为科学研究的中心。早在1946年，恩斯特·卡西尔（Ernst Cassirer）就指出结构主义在科学研究的几乎所有领域都引人注目。后来，让·皮亚杰（Jean Piaget, 1954）说，结构主义的概念——例如整体、自我调节、转换——遍及人类学、语言学、数学、物理学、生物学、心理学和哲学。

通过塔尔科特·帕森斯（Talcott Parsons, 1937）的社会学以及系统理论（Buckley, 1967）运用于描述和说明社会组织的运转，结构主义为行政研究所熟悉。虽然结构主义的分析范畴和系统理论概念渗透于当代大多数关于组织的思想之中，但是，结构主义并非没有遇到批评。大卫·西尔弗曼（David Silverman, 1971）指出运用作为结构主义和系统理论的基础的有机体隐喻促成了一种把人类思想和行动的力量归因于组织从而使组织物化的倾向。结果是，人们易于对如下事实视而不见，即组织是由人占据，他们的行动由他们的主观信念、价值观念和意向指导。这是结构主义者视角所看不到的实在。哈蒙和迈尔（Harmon and Mayer, 1986, p. 180）追随西尔弗曼的批判，他们指出，对组织的物化"忽视了可以根据个体行动者的意义和意向来充分地理解组织行动的思想"。其结果是，系统理论家对组织的理解完全不同于行动理论家。

145

第八章 认真对待语言：一些后现代的主题

结构主义对人类主体性视而不见并非有意。曼丹·萨勒普（Mandan Sarup，1989）说："首屈一指的结构主义者列维－斯特劳斯把人类主体——存在的中心——称为'被哲学宠坏的孩子'，他声称，人文科学的最终目标不是成就人而是消解他。这成为结构主义的口号。"（p.1）大多数现代组织理论以及大多数社会学、心理学、经济学和政治学成功地消解了人类主体性，尤其对那些依赖系统理论或系统隐喻说明现象的领域或学科更是如此。哈贝马斯（Habermas，1970，pp.50-61）指出，从系统的观点看，绝不存在生活世界——我们共同的、普通的、日常的、前理论的在世界中的存在；而从生活世界的观点来看，绝不存在自我调节的系统的常规或特性。每一种观点对另一种观点都视而不见，它们确确实实是不可通约的。

主体性与语言在后结构主义思想中都发挥中心的作用。这一点在雅克·拉康的心理分析和雅克·德里达的语言学及文艺批评中显而易见。拉康（Lacan，1978a，1978b）重构了弗洛伊德的心理分析从而对心理分析作出了重大贡献。他拒斥在弗洛伊德理论的生物学和机械学基础中的生理学还原主义。拉康不否认人类是生物，相反，他认为生物的存在始终由主体借助语言来解释。语言——即使是儿童讲的简单语言——出现之前绝不存在对身体的真正意识。因此，使用语言的能力把主体与自然世界区分开。不能使用语言则导致精神分裂症。语言是关于自我和关于世界——乃至关于自己的生物存在——的知识的先决条件。因为语言是文化的载体，所以，在决定主体方面，文化先于身体。文化——不是自然——和在最终意义上的语言成为关于世界的所有社会知识和自然知识的基础。

拉康（Lacan，1977）还重构了斐迪南·德·索绪尔（Ferdinand de Saussure）的结构主义语言理论——它采用与实证主义相似的假定。索绪尔（Saussure，1974）指出，语言是记号（sign）的集合，每一个记号由单一的所指与单一的能指构成。在一个语言记号中，所指就是一个概念，例如，"椅子"。能指是"椅子"这个词发出的声音。在结构主义语言观中，因为所指支配并决定能指，所以，想要说关于椅子的事情而发出"桌子"的声音（能指）就是不适当的。当把记号放在一起而形成一种语言时，能指与所指之间的结构关系被看做是为命题与实在之间一对一的对应留出了余地。所指对能指的支配与实证主义者坚持客观事实领域是理论的基础的主张相一致。换言之，命题与实在之间一对一的对应与早期实证主义者的下述观念相一致：宇宙中每个事物只存在一个语词而科学家的任务就是发现它们。

拉康（Lacan，1977）改变了对记号的结构关系的解释。他说到"所指在能指下的不断滑行"（p.154）。这是指所指可以用其他能指的形式，指示的过程从来不曾完成，它会产生不断增长的指示链。在语言中，这在实在与命题之间造成了一对多的对应。因此，按照拉康的观点，可以有多种对实在的解释，它们始终在进行并不断变迁。

德里达（Derrida，1973，1976，1978）的语言理论比拉康的更激进，乃至在结构主义世界观中对实证主义有更多的批评。德里达认为，能指和所指在新的结合中持续不断地分离和再复合，这造成记号没有任何稳定的意义。确实，记号的意义可以在根本上发生变化，甚至在不同的时代会有完全不同的意义。在语言中，这意味着命题可以有多对多的对应，但是，它也意味着理论命题根本没有任何语言之外的实在，这一立场与实证主义直接相反。这种语言理论是德里达的解构主义文学路径的基础。科林·坎贝尔（Colin Campbell，1986）这样说明解构主义：

第八章 认真对待语言：一些后现代的主题

对文本的"解构"正如听上去的那样——把事物仔细地分开，以暴露解构者视之为西方哲学的核心事实和悲剧性小秘密的东西——即语言的自我指涉的循环倾向。因为文本的"语言"主要指其他的"语言"和文本，而不是某种坚硬的、外在于文本的实在——文本往往有几种可能的意义，而这些意义通常彼此拆台。事实上，一件作品的"意义"——无论它是一首诗还是一部小说，或是一篇哲学论文——是不确定的。(p.23)

如果认真对待，德里达的解构思想最终会导致否认文艺作品或历史解释的有效性标准的相对主义立场。如果所有知识都被看成故事，那么，所有知识乃至关于物体与事物的知识都是相对的。任何种类的知识都不存在有效性标准。

后结构主义者认为绝不存在不变的社会结构，而即使存在某种社会结构，它们也可以被解构，从而揭示它们可以有多重意义。我们如何看待后结构主义的这种观点？公共行政作为一种职业有其自身的社会结构，它由关于公共行政是什么以及它在社会中应该做什么的思想和信念构成。就这一事实而言，公共行政可以——按照德里达的观点——被解构。也就是说，可以揭示它有多重意义。作为一种职业，公共行政有它自身的规范和价值观念，它们与信念一道指导职业活动。公共行政的学术研究也是这样。学者们对在公共行政中应该研究什么和应该如何研究有他们自己的信念。学者们也有指导其研究实践的共享的信念、规范和价值观念。因此，公共行政的职业实践和学术研究是社会中的结构性现象。然而，这些结构不是普遍的或不变的。实际上，它们是地方性的也是多重的。想想在本书中考察过的知识发展与运用的三种路径吧。它们可以被看做是公共行政研究的三种结构性路径。我没有试着去解构它们，相反，我试图更清楚地阐明每一种研究模式的逻辑,在这个意义上我是在重构它们。在本章的结论部分,我将指出公共行政领域的学者已经反复地尝试过建构几种地方性叙事从而为这一领域提供了意义。这些地方性叙事是结构性意义的社会建构。在考察它们之前,我们需要探讨我们寻求知识的努力的对话本质,因为叙事(故事)通过对话显现。

作为对话的知识

在我们所生活的据说是后现代的世界里,奇怪的是,我们可以求助于理查德·罗蒂(Richard Rorty,1991,1989)这位当代的后现代新实用主义哲学家,以部分地捍卫后结构主义的普遍相对主义,这种捍卫与公共行政的知识发展与运用的叙事理论相对应。他把对知识的探求看成是研究者共同体之中的持续对话。我借用他的某些哲学思想和主题只是表达对普遍相对主义的部分捍卫,因为罗蒂提出了一种与历史、语言和对话相关的知识理论。然而,他的理论仍然保留了真理意识,尽管不是先验哲学家所拥有的真理意识。

罗蒂(Rorty,1991,1989)反对任何寻求知识的努力——无论是科学、哲学、历史、文学、法律还是一般的人文学科——中的任何形式的基础主义。他拒斥唯心主义和先验论认为存在知识有效性的先验标准的观点。他还拒斥实在论者所主张的真理符合论的观点,这种符合论的基础是存在着我们的知识要求可以据以证实的独立的客体。他抛弃了唯心主义—实在论二分法,它使现代哲学饱受知识

第八章 认真对待语言：一些后现代的主题

有效性这个棘手问题的折磨，他把新实用主义①的真理理论建立在协同性、语言实践、社会规范和对话的基础之上。

罗蒂（Rorty，1991，1989）拒斥唯心主义。唯心主义是这样的信念：构成世界的实在的物体并非独立于认知的头脑。构成我们的实在的"物体"以某种方式与我们的心智操作有关。唯心主义与真理的融贯论相关，真理的融贯论认为存在着理性的标准，它可以让我们确定任何关于我们经验的特定陈述。因此，罗蒂反对第三章讨论过的先验的基础主义。这使他反对哈贝马斯的早期观念，即说明、解释和批判的三种构成性旨趣有一个准先验的基础。

罗蒂（Rorty，1991，1989）还拒斥实证主义哲学的实在论。实在论是这样的信念：存在某种我们可以认识的"实在的"东西，我们的认识是对它的再现。对实在论者来说，我们对实在的陈述的真理，我们对实在的再现，可以与实在本身相对照。这是真理符合论的中心主题，第五章曾指出它遭到其他科学哲学家的怀疑。

罗蒂（Rorty，1991，1989）抛弃了使大部分现代哲学误入歧途的唯心主义—实在论二分法，他提出了一种根本不同的哲学观、科学观和人文学科观。他不像某些后结构主义者那样否认任何不变真理的可能性，他认为追求真理、正义和美的理性体现在共同体内部根据共同体的语言实践而进行的对话之中。协同性而不是客观实在或普遍的逻辑标准决定什么是真、正义或美。普通陈述和科学陈述之所以为真都是因为分享共同语言实践和共同词汇的研究者共同体同意它们为真。

---

① 罗蒂被看成是新实用主义者是因为虽然他尊敬几位早期的实用主义哲学家并认为自己在这一传统内工作，但是，他必须修正早期实用主义者的某些思想、概念和理论。

在"作为协同性的科学"中,罗蒂(Rorty, 1991)敦促我们拒斥先验哲学和分析哲学,而接受实用主义,从而以"对协同性的需要"取代"对客观性的需要"(p.39)。他强调分享共同语言实践、共同词汇和共同文化规范的研究者共同体内部交互主体性的同意具有重要意义,这使对话能够继续下去。他相信,在自由而开放的共同体内部,真理是说服的问题而不是强制的问题。他说,我们有"义务相互交谈,就我们的世界观进行对话,运用说服而不是强制,容忍差异性,知错即改"(p.67)。真理在持续的对话中出现,只是在其他真理出现后才被置于旁边。关键是让对话继续。

罗蒂被指责为相对主义者。① 他对科学和哲学的重构使知识成为情境性的、种族中心的并随历史而定的。在他的世界观中,存在众多共同体,其中的每一个都有自己的对话、自己的语言实践、自己的话语规范和自己的词汇。然而,他虽然拒斥启蒙运动的普遍真理的可能性,但是,他坚持真理确实能够存在的可能性,这样的真理建立在共同体关于什么是真的协同性之上而不是建立在客观事实(实在论)或独立的理性标准(唯心主义)之上。因此,可以存在众多的共同体和众多的真理。

罗蒂(Rorty, 1979)没有说我们不能有关于自然、社会、文化或历史——乃至某种我们称为公共行政的东西——方面的知识。他说的是,哲学家以往寻求关于知识的知识的所有努力大多误入歧途:

> 如果我们不把认知看做应由科学家或哲学家加以描述的本质,而是看做一种按当代标准去相信的权利,那么,我们就很

---

① 艾伦·马拉乔斯基(Alan Malachowski, 1990)编辑了厚厚一本书:《阅读罗蒂》,书中20位作者对罗蒂的某些论点和立场提出了异议。

好地走上了把对话看做是知识应当在其中被理解的最终背景之路。我们的重点从人与其研究对象的关系，转到可相互替换的诸证明标准之间的关系，并由这里转到构成思想史的那些标准中的实际变化。(pp. 389 – 390)

罗蒂（Rorty, 1996）虽然把自己看成是一个后现代主义者，对任何把知识建立在先验领域的做法采取反基础主义的立场，但是，他并没有漠视理性、真理和知识。他确实认为我们需要与以往的哲学家们不同地理解它们："并不是说理性、真理和知识出了什么差错。根本的差错是柏拉图式地把它们放在文化的核心，放在我们关于人的本质的看法的核心。"(pp. 27 – 28) 他继续说明：

> 把所有这一切以另一种方式来表达，我希望我们把合理性的观念与真理的观念分开。我想把合理性界定为一种借助于说服而不是强制以实现自己目的的习惯。正如我所理解的，合理性与不合理性之间的对立仅仅是语词与暴力之间的对立。分析对人类来说什么是合理的就是……理解说服的技巧、证明的方式和沟通的形式。(p. 28)

因此，对罗蒂来说，研究者共同体证明其陈述为真的标准是存在的。但是，这些标准不是普遍的。它们由从事共同的、持续不断的对话的人们所地方性地（locally）坚持的。这类似于库恩的观点：科学探究建立在由研究者共同体所共享的地方性的价值观念的基础之上。

如果我们遵从罗蒂的观点，那么，我们关于公共行政的所有知识就是借助于对话——在其中，我们相互讲故事以说服他人接受我们的观点——历史地和文化地建构出来的。正如我将在下一节指出的，这正是自从我们首次反思自己及职业以理解我们是谁以来，公共行政领域的学者所做的事情。

"我们是谁"这个问题是罗蒂重塑整个哲学的启蒙运动构想的中枢点。几乎所有西方哲学都试图以这种或那种方式回答"我们是谁"的问题。这个问题造成主体与客体的二分法（Bernstein's，1983，Cartesian anxiety）并引导哲学家、科学家或其他任何研究者沿着先验之途寻求客观性，这是一条堆积着有关知识基础问题的路途。罗蒂（Rorty，1991）要哲学家们问"我们是谁"，对这个问题的回答把我们引向协同性之途，他认为这一路途可以避开关于基础的问题。① 如果我们一再停下来反思我们是谁，我们就可以进入对话，以揭示关于我们是谁和我们可以成为谁的不断变迁的真理。

下一节将指出，公共行政领域中自我反思的学者们为了理解该领域而培育地方性叙事，他们始终比我们关注"我们是谁胜过关注"我们是什么"。我们邀请他们对话，在与我们自身、与我们试图获得的知识和我们运用知识所服务的公众之间的关系中谈论我们是谁。

公共行政的地方性叙事

公共行政领域的学者对作为探究领域和作为我们民主社会的社会制度领域的意义一直在从事自我反思的对话。盖·B. 亚当斯和我认为："自从世纪之交，至少有六种赋予我们职业生活以意义的地方性叙事被提出来了"（White and Adams，1995，p.4），但没有哪种叙

---

① 罗蒂（Rorty，1991）在《协同性还是客观性？》一文中对协同性高于客观性的论点作了有力的辩护。

事完全包含整个领域。每一种叙事充其量只是揭示了它的某些方面；在最坏的情况下，某些叙事还相互冲突，导致对行动的相互矛盾的描述。我将简要地界定每一种叙事，以揭示这个领域带有某些后现代的特征，因为它一直受不同的对话共同体的几种地方性叙事支配，这些共同体为理解其意义和合法性提出了它们自己的故事。

也许最早的叙事是立宪主义，不过它在今天仍然具有相关性。这一领域的学者指望从宪法中找到行政国家存在的合法基础（Rohr，1986）。"宪法的制定者虽然看到了执行职能的需要，但是，他们没有设想一个可以相对自主地制定影响公民生活的决策的庞大行政结构"（Spicer，1995）。"宪法在试图向世人说明公共行政的内容和存在的依据时为该领域提供了某种辩护，但是，这需要一种解释性的跳跃"（White and Adams，1995，p. 4）。

第二种叙事是伍德罗·威尔逊（Woodrow Wilson，1887）的政治与行政二分法。其观念是，民选官员制定有价值偏向的决策，而政治中立的行政人员仅仅以价值中立的方式执行政策。在很多情况下，这种叙事是一个神话。它没有抓住公共行政实践的现实。与这个神话相反，行政人员在解释并将自己的价值观念注入立法或行政命令的意义时，他们实际上在制定政策。而且，在很多情况下，行政人员可以自由地选择执行或忽视某项政策（Rosenbloom，1989；Stillman，1987）。

第三种叙事是这样一种信念：公共行政必须成为一种以主流的说明性科学的形象为样板的科学（Gulick and Urwick，1937；Taylor，1911）。对该领域的这种观点同政治与行政二分法的客观性与价值中立相一致。虽然科学知识在某些情况下——例如道路建设的工程学方面——有助于公共行政，但是，行政以实践为基础，这一事实使它成为一种艺术。试图理解这种艺术的逻辑一直是学者们——例如，阿吉里斯、舍恩、赖因，特别是维克斯（Vickers，1965）在其经典著作《判断的艺术》中——长期以来关注的重点。公共行政的艺术性侧面是第四章、第六章和第七章讨论过的解释性和批判性的逻辑。

理论贯穿于实践的信念是第四种叙事。我们经常听到这样的说法："理论中可行的在实践中不可行。"在这一领域的研究者和从业者之间确实存在一条分界线。理查德·博克斯（Richard Box，1992）说："人们经常发现理论与实践无关。如果真是这样，那是因为理论是用一种作为学者们相互交流的符码的语言写成的。这种符码不容易被非学者们理解，通常很少人会用事例、案例研究等把理论与实践联系起来；而运用复杂的统计数据以得出紧要的结论，除技术专家之外无人不会被弄糊涂并疏远之。"（pp. 65–66）这里我们遇到了语言游戏之间的冲突：理论游戏与实践游戏并非总是可以通约的，除非人们努力学会这两种语言。

第五种叙事是新公共行政。1968年，这一领域的一群相对年轻的学者们聚集在纽约的明诺布鲁克，审慎而充满自我意识地为公共行政界定新方向（Marini，1971）。他们对前面提到的叙事——尤其是政治—行政二分法、价值中立和实证主义科学——不满，试图推动这一领域朝着增进社会公平、鼓励市民参与政策制定、使公共行政研究更贴近从业者和公民，以及拒斥实证主义的方向发展。令人遗憾的是，正如拉里·奥图尔（Larry O'Toole，1984）说的，这些主题的大多数从未被学者或行政人员广泛接受。弗兰克·马里尼（Frank Marini）认为，新公共行政是一次"范式转换"或以新的宏大叙事来指导理论与实践的失败尝试。

20年之后，第二届明诺布鲁克会议于1988年召开（Frederickson and Mayer，1989），它未能就公共行政是什么，它在社会中发挥什么样的合法作用以及应该如何塑造公共行动以解决政策问题达成

第八章 认真对待语言：一些后现代的主题

一致的理解。与会人员只是感觉到现代公共问题盘根错节，解决一个问题常常引发另一个"相关的"问题。他们对如何处理这些问题一筹莫展。他们所希望的公共行政的新宏大叙事无果而终。玛丽·迪姆尼·贝利（Mary Timney Bailey）认为，"1988年的明诺布鲁克会议留下的是未竟之感。"（p. 224）

正在形成的第六种叙事来自女性主义理论。凯西·弗格森（Kathy Ferguson, 1984）对官僚制的女性主义批判本身就是对公共行政理论与实践的批评。其他人，例如卡米拉·斯蒂福斯（Camilla Stivers, 1992），在女性而不是男性形象的基础上重新解释和重新建构这一领域的历史及其中心概念。斯蒂福斯发现，在进步时代（Progressive Era），女性在发起政策改革方面的参与远多于以前的历史所显示的。女性主义理论在提出不同的历史叙事以指导未来的政策和行政实践方面蕴含强大的潜能。

然而还有一种，第七种公共行政的地方性叙事以新公共管理的名义登场（Kettl, 1997）。下述几个主题构成其特征：把提供公共服务的责任从全国性的政府转移到州政府，从州政府转移到地方政府；公共服务的民营化以及在公共行政中运用私有部门的管理实践——例如，全面质量管理、重新把公众界定为"顾客"和运用经济行为的"经济人"及公共选择理论于公共机构以提供公共服务。有些学者把新公共管理看成是对民主的核心原则——例如公民参与、识别并服务于公共利益和促进以委托人为中心的、以社区为基础的改革——的威胁。①

---

① 博克斯、马歇尔、雷德和雷德（Box, Marshall, Reed, and Reed, 1999）讨论了新公共管理所构想的传统的民主价值观念的广泛变迁和在民主社会中公共行政角色的广泛变迁。

显然，公共行政为了理解自身一直与地方性叙事难解难分。那种理解一直是不完整的，有时导致关于这一领域是什么、应该是什么以及如何继续的相互冲突的看法。从来就没有存在过一种使这一领域合法并指导理论或实践的统一的宏大叙事。我拿不准将来是否会存在公共行政的宏大叙事。我们可能会始终面对众多的理解我们自身并与世人交流这种理解的地方性叙事。就此而言，公共行政非常后现代。

然而，这里存在另一个矛盾：虽然这一领域容纳了指导职业实践和研究的众多地方性叙事，但是，科学—分析的思维方式的"意会的（tacit）宏大叙事"仍然"在幕后"居支配地位（White and Adams, 1995）。它建立在工具合理性的基础之上并培育出一种占支配地位的、工程学的心态以解决所有政治的、经济的、社会的或人类的问题。在这种叙事之下，行政人员和研究者逻辑上或先验地不可能从事批判性的自我反思，而这种反思对识别人类自由和发展所受到的意识形态束缚是必不可少的。行政人员和研究者也不可能进行协商的、民主的对话以解决决策过程中的政治争议，或者说，在公共行政研究中不可能允许从不同的理论或范式视角出发看待公共组织及决策的研究者彼此之间真正地相互理解，从而以更系统的方式扩展我们关于这一领域的知识。然而，本书提到的少数理论家的确挣脱了技术合理性的牢笼，他们能够自我反思地批判这一领域。

意 蕴

后现代主义者与后结构主义者彼此之间的概念、思想、观念、信念、立场和论点存在许多分歧，我不想歪曲这一事实。然而，我

第八章 认真对待语言：一些后现代的主题

希望指出的是，这里讨论的后现代的几个主题有一定程度的亲和性。第一，它们拒斥支持实证主义世界观的现代哲学的实在论和唯心主义基础。第二，它们承认所有知识要求的语言学基础。第三，在地方性叙事的观念、语言游戏的观念和我（改自罗蒂）所说的对话共同体的观念之间存在某种相似性。这些哲学上的亲和性对公共行政研究和作为社会制度的公共行政来说意味深长。

先说公共行政研究。我们无须步入某些后现代主义者尤其是某些后结构主义者要求的完全相对性的黑暗之处。可能根本不存在使系统的研究合法化的宏大叙事，但是当我们从事说明性的、解释性的或批判性的研究时，的确存在理解我们正在做什么的地方性叙事。从事每一种研究模式的人可能会被认为是探究其地方性真理的他们自己的对话共同体。支持每一种研究模式的语言游戏可能是也可能不是不可通约的，因为它们可以被学会，游戏可以进行，因而对话可以继续。承认文化经由语言先于人的肉体并决定人类主体，并不是说人类主体的知识是不可能的。它只是说我们必须把人类整个地理解为构成它们的语言和文化的产物。即使像杰姆逊那样承认叙述是根本的认识论范畴，也不会阻挠我们在三种研究模式的任何一种中获得有效的知识。

知识的有效性取决于理解主体的语言学构成以及所有知识性陈述的根本语言学基础。知识的有效性还建立在为说明性的、解释性的和批判性的研究提供逻辑的更宽泛的人类推理的观念基础之上。令人遗憾的是，困扰西方社会的占支配地位的工具性推理使我们看不到解释性推理和批判性推理。

公共行政领域的理论取决于我们对该领域的历史性理解、我们坚持的文化规范、我们使用的语言和我们相互交谈的意愿。这意味着我们必须让对话在界定公共行政的地方性叙事之内和之间继续下去。我们必须继续讲述并倾听或阅读有关理论家、从业者和我们为之服务的人所关注的问题的故事。说到我们为之服务的人，就要考虑到作为一种社会制度的公共行政曾一贯地试图自我反思地理解它在社会中的作用。

公共行政是后现代的吗？直接的回答既为是又为否。这种矛盾的回答意味着公共行政"后现代化"了。它带有现代性的要素但是也具有后现代的特征。公共行政当然是现代性的产物。它是源自工具性推理的官僚制的"铁的牢笼"，韦伯（1958b, p.182）曾经对之忧心忡忡。只要行政人员工具性地和毫无批判地执行政治决定，公共行政仍使现代性持续长存。公共行政研究也使现代性持续长存。主流的说明性研究是启蒙运动的产物并继续使解决政策问题的工程学的、工具性的心态持续长存。只要解释性研究只是描述过去和现在，它就在使现状持续长存，从而支撑现代性。除非公共行政的职业实践和科学研究变得更具批判性的反思，否则这一领域将成为对抗后现代威胁的现代性的捍卫者。

与现代性相反，为了给行政国家提供公众、政治家、行政人员和学者眼中的合法性，一些理论家在寻找叙事的过程中一贯地坚持批判性的反思。由于受几种持续稳固的、有时以矛盾的方式指导研究和职业实践的地方性叙事所支配，公共行政具有某些后现代的特征。

那些提供关于公共行政是什么以及应该是什么的不完整且有时相互冲突的故事的地方性叙事情况如何？我们要放弃它们或是有可能把其中一些整合起来以寻求一种单一的可以向我们自己和世人说明这一领域的宏大叙事吗？我怀疑我们可以完成这样的任务。公共行政始终是一种寻求自我理解的跨学科的、也许甚至是多学科的领域。事实上，我们把它称为一个领域而不是一门学科是因为它涵盖

第八章　认真对待语言：一些后现代的主题

了太大的范围。随着该领域的扩展，为了理解它，甚至必须开发更小的地方性叙事。随着这一领域的硕士和博士培养计划努力吸收和容纳诸如非营利组织管理或卫生保健组织管理之类的课程，这一点显而易见。正如我在下一章得出的结论所说，我们需要继续对话，这种对话将会产生更多的地方性叙事，它们讲述的故事是这些领域如何与我们对公共行政曾经是什么、现在是什么和可能变成什么的历史性理解相关的。

第九章 语言、话语和合理性：
知识叙事论的基础

关于所有知识形式的语言学基础、话语在发现和证明知识过程中的重要性以及保留合理性标准以抵御相对主义的后现代威胁的需要，我提出了许许多多的论点。最后这一章将概述支持公共行政研究的知识叙事论的论点，并提出关于我们需要继续什么样的对话的建议。

回过头来看，一些后现代主义者向我们指出了语言是所有知识的基础。拉康（Lacan，1978a，1978b）认为人类的心智和人类主体由语言构成，这是我们人性的前提条件。作为人类，我们或是在现象学的生活世界的普通的、日常生活的意义上说和做，或是以像科学研究那样更系统的方式说和做，我们所说和所做的一切从根本上说都是由语言构成的。杰姆逊把语言称为根本的认识论范畴，他的意思是任何我们所拥有的关于我们自身和我们周围世界的知识都经由语言而来。这种后现代语言观和知识发展观与科学哲学的语言学转向相类似。

后现代对宏大叙事的批判指出，在学术范围之内我们有多样的且有时是重叠的我们称之为学科或研究领域的地方性叙事或对话共同体，而每个研究领域都有自己独特的地方性叙事和语言实践。舍恩（Schön，1983）追随格莱泽（Glazer，1974）指出，像公共行政这样的辅修专业与像医学、法学、商学这样的主修专业相比缺乏合

第九章 语言、话语和合理性：知识叙事论的基础

法性。这种合法性的缺失可以追溯到不完整的或发展得不充分的地方性叙事，它们不能为那些在辅修专业之内和之外的人提供意义。作为辅修专业，公共行政需要发展其自身的地方性叙事以获得公众认可的更多的合法性。由于研究公共组织和决策的理论框架或路径五花八门——例如，公共选择理论、系统论、立宪主义、功能主义等等，因此，这一领域的研究者应该厘清这些地方性叙事，学会更多的而不是三两个语言游戏并参与多种对话。

横跨学科性和专业的地方性叙事的是另外三种地方性叙事或对话共同体：说明性研究、解释性研究和批判性研究。每一种研究模式都有自己的叙事、自己的共同体和自己的语言游戏。后者表现在两个层次上。在语言游戏的第一层次上是正式的方法、规则和标准，它们指导研究实践；在语言游戏的第二和更根本的层次上是本体论的、认识论的和人类行为学的假定，它们在逻辑上支持第一层次的语言游戏。而且，每一种研究模式都有自己的占主导地位的推理模式，它们把每一种研究模式放在理性思想和行动的基础之上。

实证主义者曾以为像解释和批判那样的思维方式是不可描述的因而是非理性的，进而是非科学的。因此研究者们被告诫避免这些思想。解释学向我们显示，解释的确可以被描述为一种理解得以形成的推理的循环过程。批判理论向我们显示，批判是一种自我反思的过程，最后形成有关真理、美和正义的判断。就此而论，解释学循环和批判的自我反思对解释性和批判性研究中的理性知识的发展与运用来说就成为基础，它在投身于说明性研究的某些研究者眼中理应获得更多的合法性。

科学有能力把我们从人类发展所受到的自然的、社会的、政治的、经济的和心理的束缚下解放出来，这种毋庸置疑的信念使许多人忽略了解释性研究和批判性研究的重要性。主流社会科学对说明

182

的强调遮蔽了解释性研究和批判性研究对知识的发展及其在社会变迁中运用的效果所作的贡献。与实证主义者的信念相反，解释和批判是所有科学研究的基础并使说明成为可能。如果不先解释某种行为事件的性质及其可能发生的条件而想说明它是不可能的；如果不依靠解释而想理解某种说明的意义也是不可能的。批判也是说明的基础，如果不从事批判性的自我反思，就无法判断说明的有效性。

后实证主义科学哲学家向我们指出科学说明的逻辑取决于实践的话语，即对科学的命题、假说和理论的意义和有效性的论证、协商和争论。说明性的科学并非价值中立的事业。说明性的科学家把事实陈述与基本的且常常是意会的价值观承诺——以讲故事的方式促进任何领域的知识的对话继续进行下去——结合在一起。人文科学哲学的发展也极其类似，尤其是文艺批评及法哲学也关注这些领域内知识发展和运用的话语的、对话的和讲故事的方面。没有什么理由不能把公共行政的基础研究和应用研究的逻辑重塑为讲故事。

按照到目前为止我的全部观点，我们从这里可以走向何处？作为学术研究和职业实践领域的公共行政的前途是什么？

显然，公共行政研究有多种路径。它们可归入三大领域：说明性研究、解释性研究和批判性研究。任何一种路径都不应该被看做优越于其他路径。对研究路径及其附带方法和技术的选择取决于当前所研究的问题的性质。假如所研究的问题要求说明事物为什么以已有的方式发生并要求预测事物未来可能如何发生，在活动或干预是既定的情况下，说明性研究就是所需要的。假如所研究的问题仅仅事关这儿正在发生什么事情，解释性研究就是所需要的。假如我们在现实中陷入我们所面临的意识形态的、心理的或历史的困惑，批判性研究就是适当的。无论面对何种问题，我们必须适当地选取一种最适合解决这一问题的路径。

第九章 语言、话语和合理性：知识叙事论的基础

在三种研究路径中，说明性研究的逻辑、方法和技术最为成熟并广为人知。在这里，我已经勾勒出解释性研究和批判性研究的逻辑。下一步是发展这些研究模式的方法和技术。作为解释性研究的一种类型，案例研究在公共行政中广为流行（White，1986a；White and Adams，1995）。但是，确保这种研究类型严格和有效的方法和技术需要改善，也需要对之进行更广泛的交流（Orosz，1997，1998）。其他类型的解释性研究——我们常常称之为质性方法——同样如此。只有几个公共行政的博士培养计划开出或要求质性研究方法课程。正如有人猜测的那样①，如果公共行政的最重要的问题需要解释性的或质性的路径，人们就会注意为未来的学者提供有关其逻辑、方法和技术方面的训练。

那些熟悉质性研究方法和技术的人可能希望借用文艺解释所发现的解释规则和有效性标准，这在第七章已作概括。由于社会境况的意义的确如利科所主张的那样可以当做文本来读，因此，情况就尤其是这样。对解释来说，与逻辑标准连在一起仅仅有助于支持质性研究活动中的方法主义——只是墨守有关研究方法的教科书所规定的技术。

批判性研究的方法和技术比解释性研究的方法和技术更少得到发展，也更不为人理解。批判性研究的三种主要模式是历史重构、评论文章（the critical essay）和心理分析。② 每一种模式都试图讲述

---

① 1998年10月14日在爱达荷州的博伊西市召开的"全国公共事务与公共行政学院联合会博士教育委员会"（Doctoral Education Committee of the National Association of Schools of Public Affairs and Administration）年度会议的几位委员提出，公共行政中的一些最主要的研究问题今天需要质性的（解释性的）路径。

② 当应用于组织研究（Czander，1993；Diamond，1993）时，心理分析是发展得最为严格的批判性研究模式。

一个将改变人们信念的故事。讲一个故事就创作了一个文本，它邀请读者参与对话，以得出某些事件、状况或信念的新意义或新真理。这些新意义或真理将引导行动者采取自己的行动改变其政治的、经济的、社会的或心理的状况，从而增进其自由和发展，这正是批判性研究的实际希望。

至于对话，学者们和从业者都需要参与地方性叙事或对话共同体之内和之间范围广泛的、赋予公共行政以意义和合法性的话语。只有这样，历史性叙事才能确保公共行政与时俱进地变迁与扩展。虽然每一种叙事只是关于公共行政的不完整的看法，甚至其中的某些观点还有可能是错误的，例如政治与行政二分法，但是，我们必须通过那些寻求真理与正义的范围广泛的对话把它们编织在一起。

对话的观念引向认真地对待语言并承认公共行政知识发展与运用的叙事基础这一最终论点。罗蒂重构了对真理的先验探求。他指出，寻求真理、正义和美的理性体现在以语言实践为基础的共同体之内的对话之中。协同性而不是某种客观实在或普遍的逻辑标准决定什么是真、正义或美。普通陈述和科学陈述之所以为真是因为分享共同语言实践和共同词汇的研究者共同体同意它们为真。这使得公共行政领域中的理论取决于我们对这一领域的历史性理解、我们所坚持的规范、我们所使用的语言、我们所玩的语言游戏和我们相互交谈的意愿。因此，我们必须使对话在界定公共行政的那些地方性叙事之内和之间继续下去。我们必须继续讲述和倾听或阅读有关理论家、从业者和我们为之服务的人们所关注的问题方面的故事。

有些后现代的知识发展与运用观，尤其是罗蒂的观点与前文所讨论的其他后实证主义哲学家和理论家的观点相一致。例如，波普尔的科学是"猜想与反驳"的观念就假定研究者共同体之内的持续对话。赫希借用波普尔的科学模型以说明文艺解释的逻辑同样如此。

第九章　语言、话语和合理性：知识叙事论的基础

赫西把科学描述为"学习机器"，也假定话语、交谈和对话的必要性。库恩认为范式选择取决于诸如精确性、一致性、范围、简洁性和成效性之类的价值观念，这就假定了存在着共同的社会规范、价值观念和分享共同语言的研究者共同体之内的实践。想想看，库恩甚至直率地承认了科学研究的解释学维度。此后，伯恩斯坦指出在相互竞争的理论之间进行选择从根本上说是实践话语与实践合理性方面的问题。最后，哈贝马斯在其沟通行动理论的基础上框定了所有知识发展与运用的全部可能性。虽然这些哲学家和社会理论家各有分歧，但是他们共同关注知识发展与运用的对话的、话语的和言谈的基础，用我的话来说，这严重依赖语言、叙述和讲故事的观念。

这些哲学家主要关注知识的获取，而公共行政的研究者还深切地关注知识的运用以及用理性解决实际的问题。正如几次提到过的，阿吉里斯、舍恩、赖因和维克斯认识到解决专业问题的思想和行动的类型与内在于主流社会科学的工具性演绎推理不同。阿吉里斯、舍恩、赖因有时一道、有时分别地试图勾勒这种严重依赖解释和批判的解决问题的逻辑。无论是被称为"行动中的反思"或"实践认识论"或"框架反思"还是"鉴赏"，专业实践中所使用的推理类型既是工具性推理，同样也是解释和批判性的。

令人遗憾的是，公共行政的硕士研究生和博士研究生培养计划主要传授工具性推理。大体上，他们讲授如何准备预算、如何开发人事分类系统、如何撰写补助建议等诸如此类的东西，因为这些和其他工具在就业市场上有需求。虽然我们在研究生培养计划中可以增进职业公共行政人员的解释和批判的能力，但是，我们没有以任何系统的方式这样做。胜任而负责任的公共行政人员不仅仅需要知道如何解决问题。作为政策顾问和政策执行者，我们需要知道问题是什么、它为什么重要、问题影响到谁、所提出的解决问题的方法

可能会以积极的或是消极的方式影响到谁、公共行动的未来后果可能是什么。在这些问题的纯粹政治因素背后是公共行政人员面临的深层次的道德和伦理问题。严格地遵守价值中立、目的—手段、工具合理性不是也不应当是职业公共行政人员的未来趋向。他们必须学会如何解释性地和批判性地评估他们将要置身其间的境况并学会如何按照他们自己的地方性叙述（利奥塔）或鉴赏系统（维克斯）或对话（罗蒂）行动。

关于应该教什么和如何教，有两个概念可以指导我们的对话，通过采用这两个概念，我们有望解决公共行政教育中过度工具主义的问题。第一个概念是韦伯（1958a）的"有教养的"人的观念。在一篇最初写于20世纪早期题为"教育与训练的合理化"的文章中，韦伯认为官僚制化和工具合理性的力量将产生技术专家而不是"有教养的"个人。他觉得头脑简单地强调教人——尤其是官僚们——如何做事，而不是教他们思考应该做什么或为什么应该做，将产生一批他称之为"专家没有灵魂，享乐者没有心肝"（p.182）的人。如果在一定程度上公共行政的研究生教育只是培养工具性推理，韦伯的预言很可能就将成为现实。这是那种培养单环学习而牺牲双环学习的教育类型。

第二个概念体现在德语的教化（Bildung）这个简单而意义丰富的词之中。令人遗憾的是，不能贴切把它翻译成英语。教化指的是，当个体成长为有智慧的人，对他们周围的世界拥有知识，并且——最重要的是——在与那个世界的关系中理解他们自身之际，他们所经历的自我定向和自我反思的解释性过程。这意味着在获得关于世界和他们自身的知识的过程中，人们扮演主动的而不是被动的角色。教化还体现在批判性的自我反思的观念中，即这样一种能力：在与自己处境——无论如何界定它——的关系中看待自身并形成关于其

第九章 语言、话语和合理性：知识叙事论的基础

功效的判断。形成这种判断的能力给予人们改变这种关系——如果他们觉得它不令人满意而且他们有这样做的力量——的可能性。最后，教化要求人们发挥和发展自己的解释性和批判性推理的能力。

如果我们再一次追随罗蒂，在公共行政教育中获得教化的途径之一是使对话——无论是关于如何做事的对话还是更重要的关于应该做什么及为什么做的对话——继续不断。如果罗蒂是正确的，所有知识是随历史而定的，就必须追问"谁"或"为什么"的问题，因为"如何"的问题罔顾历史。也就是说，对工具性的"如何"的问题的答案缺乏任何赋予我们的未来行动以意义的历史意识。如果没有历史意识，我们就没有希望成为韦伯所期望于我们的"有教养的"人。①

罗蒂（Rorty, 1979）就哲学的未来提出了一个非常适用于公共行政的论点。它建立在他所提出的哲学应该被看成是继续对话的思想基础之上。与所有现代的、先验论哲学和分析哲学相对比，他认为哲学应该成为教化（edification）的事业。与伽达默尔用教化这个词相抗衡，他说：

> 由于教育一词听起来有些太浅薄，而 Bildung 一词有些过于外国味，我将用 edification（教化）代表发现新的、较好的、更有趣的、更富有成效的说话方式的这种构想。去教化（我们自己或他人）的企图，可能就是在我们自己的文化和某种异国文化或历史时期之间，或在我们自己的学科和其他似乎在以不可通约的词汇来追求不可通约的目的的学科之间建立联系的解释

---

① 亚当斯（Adams, 1992）全面地探讨了保持公共行政——尤其是在知识发展与运用方面——的历史意识的重要性。

学活动。但它也可能是思索这些新目的、新词语或新学科的"诗的"活动，随后是（譬如说）解释学的逆向倒转：尝试用我们新发明的不熟悉的词语，去重新解释我们熟悉的环境。无论在哪种情况下，这种活动都是（尽管两个词在字源学上有关系）教化的，而不是建构的，至少是说，如果"建构的"一词指在常规话语中发生的那种完成研究规划时的合作的话。因为教化性的话语**被认为**是反常的，它借助陌生的力量使我们脱离旧我，帮助我们成为新人。(p. 360)

公共行政的地方性叙事正是这种旨在以新的和不同的方式理解该领域的反常的话语。在这些话语使我们脱离普通的、日常的话语——它们指导我们例行的、非反思的活动——的意义上，它们是反常的。教化性话语的反常性或"陌生性"迫使我们解释性和批判性地反思我们是谁和我们能胜任什么。因此，如果我们追求——用韦伯话来说——"有教养"的自我，我们就需要在为我们自己和世人理解公共行政而编织的现存的和将要出现的叙事之内和之间使对话继续不断。这是公共行政研究可以保持与学者、职业行政人员和我们所服务的公众相关联的唯一途径。

参考文献

Abel, Theodore. 1948 – 1949. The operation called Verstehen. *American Journal of Sociology* 54: 211 – 218.

Adams, Guy B. 1992. Enthralled with modernity: The historical context of knowledge and theory development in public administration. *Public Administration Review* 52: 363 – 373.

Adams, Guy B., and Jay D. White. 1994. Dissertation research in public administration and cognate fields: An assessment of methods and quality. *Public Administration Review* 54: 565 – 576.

Adorno, Theodor W., Else Frenke-Brunswick, Daniel J. Levinson, and R. Nevitt Sanford. 1950. *The authoritarian personality*. New York: Harper & Row.

Allaire, Yuan, and Mihaela E. Firsirotu. 1984. Theories of organizational culture. *Organizational Studies* 5: 193 – 226.

Anderson, John. 1979. *Public policy making*. New York: Holt, Reinhart & Winston.

Apel, Karl-Otto. 1977. Types of social science in the light of human interests and knowledge. *Social Research* 44: 424 – 471.

Arato, Andrew, and Eike Gebhardt, eds. 1978. *The essential Frankfurt School reader*. New York: Urizen Books.

Argyris, Chris. 1973a. Organizational man: Rational and self-actualizing. *Public*

Administration Review 33: 346 – 353.

——. 1973b. Some limits of the rational man organizational theory. *Public Administration Review* 33: 253 – 268.

——. 1981. *Reasoning, learning, and action: Individual and organizational*. San Francisco: Jossey-Bass.

Argyris, Chris, Robert Putnam, and Diana McLain Smith. 1985. *Action science*. San Francisco: Jossey-Bass.

Argyris, Chris, and Donald A. Schön. 1974. *Theory in practice: Increasing professional effectiveness*. SanFrancisco: Jossey-Bass

——. 1978. *Organizational learning*. Reading, MA: Addison Wesley.

Aristotle. 1953. *Nicomachean ethics*, trans. James A. K. Thomson. London: Allen & Unwin.

——. 1961. *Physics*, trans. Robert Hope. Lincoln: University of Nebraska Press.

——. 1966a. *Metaphysics*, ed. and trans. John Warrington. New York: Dutton.

——. 1996b. *Politics*, trans. Stephen Everson. New York: Cambridge University Press.

Balfour, Daniel, and William Mesaros. 1994. Connecting the local narratives: Public administration as a hermeneutic science. *Public Administration Review* 54: 559 – 564.

Barley, Stephen R. 1983. Semiotics and the study of occupational and organizational cultures. *Administrative Science Quarterly* 28: 393 – 413.

Bastien, David T., Robert D. McPhee, and Karen A. Bolton. 1995. A study and extended theory of structuration of climate. *Communication Monographs* 62: 87 – 110.

Bell, Daniel. 1976. *The cultural contradictions of capitalism*. New York: Basic Books.

Berger, Peter L., Bridget Berger, and Hans Kellner. 1973. *The homeless mind*.

New York: Vintage.

Berger, Peter, and Thomas Luckmann. 1966. *The social construction of reality: A treatise in the sociology of knowledge.* Garden City, NY: Doubleday.

Bergmann, Gustav. 1954. *The metaphysics of logical positivism.* New York: Longmans, Green.

Bernstein, Richard J. 1976. *The restructuring of social and political theory.* Orlando, FL: Harcourt Brace Jovanovich.

——. 1983. *Beyond objectivism and relativism: Science, hermeneutics, and praxis.* Philadelphia: University of Pennsylvania Press.

Bertalanffy, Ludwig. 1968. *General system theory: Foundations, development, applications.* New York: Braziller.

Blackler, Frank H. M., and Colin A. Brown. 1983. Qualitative research and paradigms of practice. *Journal of Management Studies* 20: 349 – 365.

Blum, Fred H. 1955. Action research: A scientific approach? *Philosophy of Science* 22: 1 – 7.

Boje, David M. 1991. The storytelling organization: A study of story performance in an office-supply firm. *Administrative Science Quarterly* 36: 106 – 127.

Box, Richard C. 1992. An examination of the debate over research in public administration. *Public Administration Review* 52: 62 – 69.

Box, Richard C., Gary S. Marshall, B. J. Reed, and Christine M. Reed. 1999. New public management, faux democracy, and the challenge to democratic governance. Paper presented at the 12th Annual Conference of the Public Administration Theory Network, March 4 – 5, Portland, OR.

Brodbeck, May. 1968. Explanation, prediction, and "imperfect" knowledge. In *Readings in the philosophy of the social sciences*, ed. May Brodbeck. New York: Macmillan.

Brown, Mary Helen, and Jill J. McMillan. 1991. Culture as text: The development of an organizational narrative. *The Southern Communication Journal* 57: 49 – 61.

Bryson, John M., Andrew H. Van de Ven, and William R. Roering. 1987. Strategic planning in the revitalization of the public service. In *The revitalization of the public service*, ed. Robert B. Denhardt and Edward T. Jennings, Jr., pp. 55 – 77. Columbia: University of Missouri.

Buckley, Walter. 1967. *Sociology and modern systems theory.* Englewood Cliffs, NJ: Prentice Hall.

Burke, Warner W. 1994. *Organization development: A process of learning and changing.* Reading, MA: Addison-Wesley.

Burrell, Gibson, and Garth Morgan. 1979. *Sociological paradigms and organizational analysis.* London: Heinemann.

Campbell, Colin. 1986, February 9. The tyranny of the Yale critics. *New York Times Magazine*, p. 23. Copyright© 1986 by The New York Times. Reprinted by permission.

Cardozo, Benjamin. 1960. *The nature of the judicial process.* New Haven, CT: Yale University Press.

Carter, Leif H. 1984. *Reason in law.* Boston: Little, Brown.

Cassirer, Ernst. 1946. *An essay on man: An introduction to a philosophy of human culture.* Oxford: Oxford University Press.

Catron, Bayard L., and Michael M. Harmon. 1981. Action theory in practice: Toward theory without conspiracy. *Public Administration Review* 41: 535 – 541.

Charlesworth, James C., ed. 1962. *The limits of behavioralism in political science.* Philadelphia: The American Academy of Political and Social Science.

Cleary, Robert E. 1992. Revisiting the doctoral dissertation in public administration: An examination of the dissertations of 1990. *Public Administration Review* 52: 55 – 61.

Collier, John. 1947. *The Indians of the Americas.* New York: Norton.

Cooke, Robert A., and Janet L. Szumal. 1993. Measuring normative beliefs and shared behavioral expectations in organizations: The reliability and validity of the Organizational Culture Inventory. *Psychological Reports* 72: 1299 – 1331.

Cronbach, Lee J., and Patrick Suppes, eds. 1969. *Research for tomorrow's schools: Disciplined inquiry for education.* New York: Macmillan.

Cummings, Thomas G., and Edgar F. Huse. 1989. *Organization development and change.* 4th ed. St. Paul, MN: West Publishing.

Curle, Adam. 1949. A theoretical approach to action research. *Human Relations* 2: 269 – 280.

Czander, William. 1993. *The psychodynamics of work and organizations: Theory and application.* New York: Guilford Press.

Dallmayr, Richard R., and Thomas A. McCarthy, eds. 1977. *Understanding and social inquiry.* South Bend, IN: University of Notre Dame Press.

Danesi, Marcel. 1994. *Messages and meanings: An introduction to semiotics.* Toronto: Canadian Scholars'Press.

Das, T. Hari. 1983. Qualitative research in organizational behavior. *Journal of Management Studies* 20: 301 – 314.

Deal, Terrance, and Alan A. Kennedy. 1982. *Corporate culture: The rites and rituals of corporate life.* New York: Addison-Wesley.

"Debating the Direction of a Discipline: Sociologists Examine an Issue That's Very Close to Home." 1985, April 28. *New York Times*, p. E7.

Deetz, Stanley. 1973. An understanding of science and a hermeneutic science of understanding. *Journal of Communication* 23: 154 – 155.

Denhardt, Robert B. 1981a. *In the Shadow of Organization.* Lawrence: Regents Press of Kansas.

———. 1981 b. Toward a critical theory of public organization. *Public Administration Review* 41: 628 – 636.

———. 1990. Public administration theory: The state of the discipline. In *Public Administration: The state of the discipline*, ed. Naomi B. Lynn and Aron Wildavsky, pp. 43 – 72. Chatham, NJ: Chatham House.

———. 1984. *Theories of public organization*. Belmont, CA: Brooks/ Cole.

Denhardt, Robert B., and Jay D. White. 1982. Beyond explanation: A methodological note. *Administration and Society* 14: 163 – 169.

———. 1986. Integrating theory and practice in public administration. In Bureaucratic and governmental reform, ed. Donald J. Calista, pp. 311 – 320. Greenwich, CT: JAI Press.

Derrida, Jacques. 1973. *Speech and phenomena, and other essays on Husserl's theory of signs*. Evanston, IL: Northwestern University Press.

———. 1976. *Of grammatology*. Baltimore, MD: Johns Hopkins University Press.

———. 1978. *Writing and difference*. London: Routledge & Kegan Paul.

Dewey, Joan, 1910. *How we think*. New York: D. C. Heath.

Diamond, Michael A. 1993. *The unconscious life of organizations*. Westport, CT: Quorum Books.

Dilthey, William, Rudolf A. Makkreel, and Frithjof Rodi, eds. 1989. *Wilhelm Dilthey: Selected works. Volume I: Introduction to the human sciences*. Princeton, NJ: Princeton University Press.

Dryzek, John. 1982. Policy analysis as a hermeneutic activity. *Policy Science* 14: 309 – 329.

Duhem, Peter. 1954. *The aim and structure of physical theory*. Princeton, NJ: Princeton University Press.

Dunn, William N. 1981. *An introduction to public policy analysis*. Englewood Cliffs, NJ: Prentice Hall.

Dunn, William N., and Bahman Fozouni. 1976. *Toward a critical administrative theory*. Beverly Hills, CA: Sage.

参考文献

Etzioni, Amitai. 1967. Mixed scanning: A third approach to decision making. *Public Administration Review* 27: 385 – 392.

Farmer, David John. 1995. *The language of public administration.* Tuscaloosa: University of Alabama Press.

Fay, Brian. 1975. *Social theory and political practice.* Boston: Allen & Unwin.

———. 1987. *Critical social science: Liberation and its limits.* Ithaca, NY: Cornell University Press.

Feigl, Herbert. 1956. Some major issues and developments in the philosophy of logical positivism. In *Minnesota studies in the philosophy of science*, vol. 1, ed. Herbert Feigl and Michael Scriven, pp. 3 – 38. Minneapolis: University of Minnesota Press.

———. 1970. The orthodox view of theories: Remarks in defense as well as criticism. In *Minnesota studies in the philosophy of science*, vol. 4, ed. Michael Radner and Stephen Winokur, 3 – 16. Minneapolis: University of Minnesota Press.

Ferguson, Kathy E. 1984. *The feminist case against bureaucracy.* Philadelphia: Temple University Press.

Feyerabend, Paul. 1975. *Against method: Outline of an anarchistic theory of knowledge.* London: NLB.

Fiol, C. Marlene. 1989. A semiotic analysis of corporate language: Organizational boundaries and joint venturing. *Administrative Science Quarterly* 34: 277 – 304.

Forester, John. 1980a. Critical theory and planning practice. *Journal of the American Planning Association* 46: 275 – 286.

———. 1980b. Listening. The social policy of everyday life. Critical theory and hermeneutics in practice. *Social Praxis* 7: 219 – 232.

———. 1981. Questioning and organizing attention: Toward a critical theory of planning and administrative practice. *Administration and Society* 13: 161 – 205.

———. 1982a. Critical reasons and political power in project review activity: Serving freedom in planning and public administration. *Policy and Politics* 10: 65 – 83.

———. 1982b. The policy analysis-critical theory affair: Wildavsky and Habermas as bedfellows. *Journal of Public Policy* 2: 145 – 164.

———. 1983. What analysts do. In *Values, ethics and the practice of policy analysis*, ed. William N. Dunn, pp. 47 – 62. Lexington, MA: D. C. Heath.

———. 1984. Bounded rationality and the politics of muddling through. *Public Administration Review* 44: 23 – 32.

———. 1985. Critical theory and planning practice. In *Critical theory and public life*, ed. John Forester. Cambridge, MA: MIT Press.

———. 1989. *Planning in the face of power.* Berkeley: University of California Press.

———. 1993. *Critical theory, public policy, and planning practice. Toward a critical pragmatism.* Albany: State University of New York Press.

Fox, Charles J., and Hugh T. Miller. 1995. *Postmodern public administration: Toward discourse.* Thousand Oaks, CA: Sage.

Frederickson, H. George. 1971. Toward a new public administration. In *Toward a new public administration*, ed. Frank Marini. Scranton, PA: Chandler.

Frederickson, H. George, and Richard T. Mayer. 1989. Minnowbrook II: A symposium. *Public Administration Review* 49: 95 – 227.

Frost, Peter J., Larry F. Moore, Meryl Reis Louis, Craig C. Lindberg, JoAnne Martin. 1985. *Organizational culture.* Beverly Hills, CA: Sage.

Gabriel, Yannis. 1991. Turning facts into stories and stories into facts: A hermeneutic exploration of organizational folklore. *Human Relations* 44: 857 – 876.

Gadamer, Hans-Georg. 1975. *Truth and method*, ed. and trans. G. Barden and

J. Cumming. New York: Seabury.

———. 1977. *Philosophical hermeneutics*. Berkeley: University of California Press.

Garfinkel, Harold. 1967. *Studies in ethnomethodology*. Englewood Cliffs, NJ: Prentice Hall.

Geertz, Clifford. 1973. *The interpretation of culture*. New York: Basic Books.

Geuss, Robert. 1981. *The idea of a critical theory: Habermas and the Frankfurt School*. Cambridge: Cambridge University Press.

Giddens, Anthony. 1976. *New rules of sociological methods and a positive critique of interpretive sociologies*. New York: Basic Books.

———. 1984. *The constitution of society: Outline of the theory of structuration*. Berkeley: University of California Press.

Glazer, Nathan. 1974. Schools of the minor professions. *Minerva*, pp. 346 – 349.

Gulick, Luther, and Lyndall Urwick, eds. 1937. *Papers on the science of administration*. New York: Institute of Public Administration.

Gunnell, John G. 1975. *Philosophy, science, and political inquiry*. Morristown, NJ: General Learning Press.

Habermas, Jürgen. 1970. *Toward a rational society*, trans. Jeremy J. Shapiro. Boston: Beacon Press.

———. 1971. *Knowledge and human interests*, trans. Jeremy J. Shapiro. Boston: Beacon Press.

———. 1975. *Legitimation crisis*, trans. Thomas McCarthy. Boston: Beacon Press.

———. 1979. *Communication and the evolution of society*, trans. Thomas McCarthy. Boston: Beacon Press.

———. 1983. *The theory of communicative action. Vol. 1: Reason and the rationalization of society*, trans. Thomas McCarthy. Boston: Beacon Press.

———. 1987. *The theory of communicative action, Vol. 2: Life-world and system: A critique of functionalist reason*, trans. Thomas McCarthy.

Boston: Beacon Press.

——. 1988. *On the logic of the social sciences*, trans. by Shierry Weber Nicholsen and Jerry A. Stark. Cambridge, MA: MIT Press.

——. 1990. *Moral consciousness and communicative action*, trans. Christian Lenhardt and Shierry Weber Nicholsen. Cambridge, MA: MIT Press.

Harmon, Michael M. 1981. *Action theory for public administration.* New York: Longman.

Harmon, Michael M., and Richard T. Mayer. 1986. *Organization theory for public administration.* Boston: Little, Brown.

Harrison, Michael I. 1994. *Diagnosing organizations: Methods, models, and processes*, 2nd ed. Thousand Oaks, CA: Sage.

Hart, H. L. A. 1948. The ascription of responsibility and rights. *Proceedings of the Aristotelian Society* 49: 171 – 194.

——. 1961. *The concept of law.* London/New York: Clarendon Press.

Heidegger, Martin. 1962. *Being and time*, trans. John Macquarrie and Edward Robinson. New York: Harper.

Hempel, Carl. 1965. *Aspects of scientific explanation.* New York: Free Press.

Hengel, John van den. 1996. Can there be a science of action? Paul Ricoeur. *Philosophy Today* 40: 235 – 251.

Hesse, Mary. 1980. *Revolutions and reconstructions in the philosophy of science.* Brighton, UK: Harvester.

Hirsch, E. D. 1967. *Validity and interpretation.* New Haven, CT: Yale University Press.

——. 1976. *The aims of interpretation.* Chicago: University of Chicago.

Hobbes, Thomas. 1968. *Leviathan*, ed. Crawford B. Macpherson. Harmondsworth, UK: Penguin.

Horkheimer, Max. 1947. *The eclipse of reason.* New York: Oxford University Press.

——. 1972. Traditional and critical theory. In *Critical theory: Selected essays*, pp. 188-243. New York: Seabury.

Houston, David J., and Sybil M. Delevan. 1990. Public administration research: An assessment of journal publications. *Public Administration Review* 50: 674-681.

Howard, Roy J. 1982. *Three faces of hermeneutics: An introduction to current theories of understanding.* Berkeley: University of California Press.

Hummel, Ralph P. 1994. *The bureaucratic experience*, 4th ed. New York: St. Martin's Press.

Hussel, Edmund. 1931. *Ideas: General introduction to pure phenomenology*, trans. W. R. Boyce Gibson. London: Allen & Unwin.

——. 1970. *The crisis of European sciences and transcendental phenomenology*, trans. David Carr. Evanston, IL: Northwestern University Press.

James, William. 1932. *The meaning of truth.* New York: Longman.

Jameson, Frederic. 1984. Postmodernism and the cultural logic of capital. *New Left Review* 146: 56-71.

——. 1985. *The political unconsciousness: Narrative as a socially symbolic act.* New York: Methuen.

Jelinck, Mariann, Linda Smircich, and Paul M. Hirsch. 1983. Organizational culture. *Administrative Science Quarterly* 28: 331-338.

Jennings, Bruce. 1987. Interpretation and the practice of policy analysis. In *Confronting values in policy analysis: The politics of criteria*, ed. Frank Fischer and John Forester, pp. 128 – 152. Newbury Park, CA: Sage.

Kant, Immanuel. [1787] 1965. *Critique of pure reason*, trans. Norman Kemp Smith. New York: St. Martin's Press.

——. [1781] 1997. *Critique of practical reason*, ed. and trans. Mary J. Gregor. Cambridge: Cambridge University Press.

Kass, Henry D., and Bayard L. Catron, eds. 1990. *Image and identity in public administration*. Newbury Park, CA: Sage.

Katz, David, and Robert L. Kahn. 1966. *The social psychology of organizations*. New York: Wiley.

Kettl, Donald. 1997. The global revolution in public management: Driving themes, missing links. *Journal of Policy Analysis and Management* 16: 446 – 462.

Kisiel, Theodore. 1972. Scientific discovery: Logical, psychological, or hermeneutical? In *The phenomenological horizon*, ed. David Carr and Edward Casey, pp. 50 – 78. Chicago: Quadrangle.

Kockelmans, Joseph J., ed. 1967. *Phenomenology: The philosophy of Edmund Husserl and its interpretation*. Garden City, NY: Doubleday.

——. 1975. Toward an interpretive or hermeneutic social science. *Graduate Faculty Philosophy Journal* 5: 73 – 96.

Kolakowski, Leszek. 1968. *The alienation of reason: A history of positivist thought*. Garden City, NY: Doubleday.

Kuhn, Thomas S. 1970. *The structure of scientific revolutions*, 2nd ed. Chicago: University of Chicago Press.

———. 1977. *The essential tension: Selected studies in scientific tradition and change.* Chicago: University of Chicago Press.

Lacan, Jacques. 1977. *Ecrits: A selection.* London: Tavistock.

———. 1978a. *The four fundamental concepts of psychoanalysis.* London: Hogarth.

———. 1978b. *The language of the self—The function of language in psychoanalysis.* Baltimore, MD: Johns Hopkins University Press.

LaPorte, Todd. 1971. The recovery of relevance in the study of public administration. In *Toward a new public administration*, ed. Frank Marini. Scranton, PA: Chandler.

Levi, Edward H. 1949. *An introduction to legal reasoning.* Chicago: University of Chicago Press.

Lewin, Kurt. 1951. *Field theory in social science: Selected theoretical papers*, ed. Daniel Cartwright. New York: Harper.

Lindblom, Charles. 1959. The science of "muddling through." *Public Administration Review.* 19: 79 – 88.

Louch, A. R. 1966. *Explanation and human action.* Berkeley: University of California Press.

Luthans, Fred, and Tim R. V. Davis. 1982. An idiographic approach to organizational behavior research: The use of single case experimental designs and direct measures. *Academy of Management Review* 1: 380 – 391.

Lyotard, Jean François. 1984. *The postmortem condition: A report on knowledge.* Manchester, UK: Manchester University Press.

Malachowski, Alan R, ed. 1990. *Reading Rorty: Critical responses to philosophy and the mirror of nature (and beyond).* Cambridge, MA:

Basil Blackwell, 1990.

Marcuse, Herbert. 1960. *Reason and revolution: Hegel and the rise of social theory.* With a new preface. A note on dialectic by the author, 2nd ed. Boston: Beacon Press.

——. 1966. *One dimensional man: Studies in the ideology of advanced industrial society.* Boston: Beacon Press

——. 1968. Industrialization and capitalism in the work of Max Weber. In *Negations: Essays in critical theory.* Boston: Beacon Press.

Marini, Frank. 1971. *Toward a new public administration.* Scranton, PA: Chandler.

——. 1992. Introduction. In *Public management in an interconnected world*, ed. Mary T. Bailey and Richard T. Mayer, pp. 1 – 9. Westport, CT: Greenwood Press.

Masters, Janet. 1995. The history of action research. Action Research Electronic Reader [online]: http//www. beh. cchs. usyd. edu. au/arow /Reader /rmasters. htem# HISTORICAL.

McCarthy, Thomas. 1978. *The critical theory of Jurgen Habermas.* Cambridge, MA: MIT Press.

McCurdy, Howard E., and Robert E. Cleary. 1984. Why can't we resolve the research issue in public administration? *Public Administration Review* 44: 49 – 55.

Merleau-Ponty, Maurice. 1962. *Phenomenology of perception*, trans. Colin Smith. New York: Humanities Press.

——. 1969. *Selections: The essential writings of Merleau-Ponty*, ed. Alden L. Fisher. New York: Harcourt, Brace & World.

——. 1974. *Phenomenology, language and sociology: Selected essays of*

Maurice Merleau-Ponty, ed. and trans. John O'Neill. London: Heinemann.

Merton, Robert K. 1967. *On theoretical sociology*. New York: Free Press.

Mintzberg, Henry. 1973. *The nature of managerial work*. New York: Harper & Row.

——1979. An emerging strategy of "direct" research. *Administrative Science Quarterly* 24: 582 – 589.

Morrow, Robert A. 1994. *Critical theory and methodology*. Thousand Oaks, CA: Sage.

Nagel Ernst. 1961. *The structure of science*. Orlando, FL: Harcourt Brace Jovanovich.

Oquist, Paul. 1978. The epistemology of action research. *Acta Sociologica* 21: 143 – 163.

Organizational Dynamics, Autumn 1983.

Orosz, Janet F. 1997. Resources for qualitative research: Advancing the application of alternative methodologies in public administration. *Public Administration Review* 57: 543 – 549.

——. 1998. Widening the yellow brick road: Answering the call for improved and relevant research in public administration. In *Research in public administration*, ed. Jay D. White, vol. 4 Greenwich, CT: JAI Press.

Orosz, Janet F., Chistopher McKenna, and Kenneth Redding. 1997. Qualitative research methods in public administration: Introduction to the symposium. *International Journal of Public Administration* 20: 1891 – 1906.

O'Toole, Laurence J. 1984. American public administration and the idea of reform. *Administration and Society* 16: 141 – 166.

Outhwaite, William. 1975. *Understanding and social life: The method called Verstehen.* London: Allen & Unwin.

Palmer, Richard. 1969. *Hermeneutics: Interpretation theory in Schleiermacher, Dilthey, Heidegger, and Gadamer.* Evanston, IL: Northwestern University Press.

Parsons, Talcott. 1937. *The structure of social action.* New York: McGraw-Hill.

Perry, James L. 1991. Strategies for building public administration theory. In *Research in public administration*, ed. James L. Perry, vol. 1, pp. 1 – 19. Greenwich, CT: JAI Press

Perry, James L., and Kenneth L. Kraemer. 1986. Research methodology in the public administration review 1975 – 1984. *Public Administration Review* 46: 215 – 226.

Piaget, Jean. 1954. *The construction of reality in the child.* New York: Basic Books.

Polkinghorne, Donald E. 1988. *Narrative knowing and the human sciences.* Albany, NY: State University of New York Press.

Popper, Karl. 1959. *The logic of scientific discovery.* New York: Basic Books.

——. 1972. *Conjectures and reputations. The growth of scientific knowledge*, 4th ed. rev. London: Routledge & Kegan Paul.

Proctor, Robert N. 1991. *Value-free science? Purity and power in modern knowledge.* Cambridge, MA: Harvard University Press.

Quine, W. V. O. 1953. *From a logical point of view.* Cambridge, MA: Harvard University Press.

Rabinow, Paul, and William M. Sullivan, eds. 1979. *Interpretive social* science: *A reader*. Berkeley: University of California Press.

Rein, Martin. 1976. *Social science and public policy*. New York: Penguin.

Ricoeur, Paul. 1971. The model of the text: Meaningful action considered as a text. *Social Research* 38: 529 – 562.

——. 1974. *The conflict of interpretation*, ed. D. Idhe. Evanston, IL: Northwestern University Press.

Riordan, Patrick. 1995. The philosophy of action science. *Journal of Managerial Psychology* 10: 6 – 14.

Roe, Emery M. 1992. Narrative analysis for the policy analyst: A case study of the 1980 – 1982 medfly controversy in California. *Journal of Policy Analysis & Management* 8: 251 – 274.

Rohr, John A. 1986. *To run a constitution*. Lawrence: University of Kansas Press.

Rorty, Richard. 1979. *Philosophy and the mirror of nature*. Princeton, NJ: Princeton University Press.

——. 1982. *Consequences of pragmatism* (*Essays: 1972 – 1980*). Minneapolis: University of Minnesota Press.

——. 1989. *Contingency, irony and solidarity*. Cambridge: Cambridge University Press.

——. 1991. *Objectivity, relativism and truth. Philosophical Papers*, vol. 1. Cambridge: Cambridge University Press.

——. 1996. Richard Rorty: Emancipating our culture. In *Debating the state of philosophy: Habermas, Rorty, and Kolakowski*, eds. Jozef Niznik and John T. Sanders, pp. 24 – 30. Westport, CT: Praeger.

Rose, Margaret A. 1991. *The post-modern and the post-industrial: A critical analysis*. Cambridge: Cambridge University Press.

Rosenbloom, David H. 1989. *Public administration: Understanding management, politics, and law in the public sector.* New York: McGraw Hill.

Sarap, Madan. 1989. *An introductory guide to poststructuralism and postmodernism.* Athens, GA: University of Georgia Press.

Saussure, Ferdinand. 1974. *Course in general linguistics.* London: Fontana.

Schein, Edgar. 1969. *Process consultation: its role in organization development.* Reading, MA: Addison-Wesley.

——. 1987. *Process consultation.* Reading, MA: Addison-Wesley.

——. 1993. Legitimating clinical research in the study of organizational culture. *Journal of Counseling and Development* 71: 703–706.

Schön, Donald A. 1983. *The reflective practitioner: How professionals think in action.* New York: Basic Books.

Schön, Donald A., and Martin Rein. 1994. *Frame reflection: Toward the resolution of intractable policy controversies.* New York: Basic Books.

Schuman, David. 1982. *Policy analysis education and everyday life.* Lexington, MA: D. C. Health.

Schutz, Alfred. 1967a. Common-sense and scientific interpretation of human action. In *A. Schutz. Collected works. Vol. 1: The problem of social reality*, pp. 3–47. The Hague: Martinus Nijhoff.

——. 1967b. *The phenomenology of the social world*, trans. G. Walsh and F. Lehnert. Evanston, IL: Northwestern University Press.

Scriven, Michael. 1962. Explanations, predictions, and laws. In *Minnesota studies in the philosophy of science*, ed. Herbert Feigl and Grover Maxwell, vol. 3. Minneapolis: University of Minnesota Press.

Searle, John R. 1969. *Speech acts: An essay in the philosophy of* language. London: Cambridge University Press.

Seung, Thomas K. 1982. *Structuralism and hermeneutics.* New York: Columbia University Press.

Silverman, David. 1971. *The theory of organizations.* New York: Basic Books.

Simon, Herbert A. 1947. A comment on the "science of public administration." *Public Administration Review* 7: 200 – 203.

———. 1965. *The shape of automation for men and management.* New York: Harper & Row.

———. 1969. *The sciences of the artificial.* Cambridge, MA: MIT Press.

———. 1973. Organizational man: Rational or self-actualizing. *Public Administration Review* 33: 346 – 353.

———. 1976. *Administrative behavior: A study of decision-making processes in administrative organization*, 3rd. ed. New York: Free Press.

———. 1983. *Reason in human affairs.* Stanford, CA: Stanford University Press.

Smircich, Linda. 1983. Concepts of culture and organizational analysis. *Administrative Science Quarterly* 28: 339 – 358.

Spicer, Michael W. 1995. *The Constitution and public administration. A conflict in world views.* Washington, DC: Georgetown University Press.

Stallings, Robert A., and James A. Ferris. 1988. Public administration research: Work in PAR 1940 – 1984. *Public Administration Review* 48: 580 – 587.

Stillman, Richard J. 1987. *The American bureaucracy.* Chicago: Nelson Hall.

Stivers, Camilla. 1992. *Gender images in public administration.* Newbury

Park, CA: Sage.

——. 1993. Reflections on the role of personal narrative in social science. *Signs: Journal of Women in Culture and Society* 18: 408 – 425.

Taylor, Charles. 1971. Interpretation and the sciences of man. *Review of Metaphysics* 13: 3 – 51.

Taylor, Frederick W. 1911. *The principles of scientific management.* New York: Harper & Brothers.

Toulmin, Stephen. 1953. *The philosophy of science.* London: Hutchinson.

Van Man, John, ed. 1979. Symposium on qualitative methodology. *Administrative Science Quarterly* 24: 519 – 671.

Vickers, Geoffrey. 1965. *The art of judgment.* New York: Basic Books.

Weber, Max. 1958a. *The Protestant ethic and the spirit of capitalism*, trans. Talcott Parsons. New York: Scribner.

——. 1958b. The rationalization of education and training. In *From Max Weber: Essays in sociology*, trans. and ed. H. H. Gerth and C. Wright Mills, pp. 240 – 244. London: Oxford University Press.

White, Jay D. 1986a. Dissertations and publications in public administration. *Public Administration Review* 46: 227 – 234.

——. 1986b. On the growth of knowledge in public administration. *Public Administration Review* 46: 15 – 24.

——. 1987. Action theory and literary interpretation. *Administration and Society* 19: 346 – 366.

——. 1990. Images of administrative reason and rationality. In *Images and identities in public administration*, ed. Henry D. Kass and Bayard L. Catron, pp. 132 – 150. Newbury Park, CA: Sage.

——. 1992. Taking language seriously: Toward a narrative theory of knowledge for administrative research. *American Review of Public Administration* 22: 75 – 88.

White, Jay D., and Guy B. Adams. 1995. Reason and postmodernity: The historical and social context of public administration research and theory. *Administrative Theory & Praxis* 17: 1 – 19.

Wiener, Norbert. 1961. *Cybernetics.* Cambridge, MA: M. I. T. Press.

Wilson, Woodrow. 1887. The study of administration. *Political Science Quarterly* 2: 197 – 220.

Winkler, Karen J. 1985. June 26. Questioning the science in social science: Scholars signal a "turn to interpretation." *Chronicle of Higher Education*, pp. 5 – 6.

Witmer, Diane F. 1997. Communication and recovery: Structuration as an ontological approach to organizational culture. *Communication Monographs* 64: 324 – 350.

Wittgenstein, Ludwig. 1922. *Tractatus logico-philosophicus.* New York: Harcourt, Brace & World.

———. 1953. *Philosophical investigations.* New York: Macmillan.

Wright, Georg Henrik von. 1971. *Explanation and understanding.* London: Routledge & Kegan Paul.

Zaner, Richard. 1970. *The way of phenomenology: Criticism as a philosophical discipline.* New York: Pegasus.

索引

（页码为英文原版页码）

A

academic disciplines 学科，159

action 行动

    administrative 行政的，141

    intentional versus caused behavior 意向性的对受动的行为，48，127

    and pragmatism 与实用主义，10

    in rational model 在理性的模型，67

    reflection-in-action 行动中的反思，122–123

    social action 社会行动，131，142

action research 行动研究，43

action theory 行动理论，142–143

    critical-evaluation dimensions 批判的—评价维度，142–143

    elements of （行动理论）的因素，142–143

    main researchers 主流研究者，143

Action Theory for Public Administration (Harmon)《公共行政的行动理论》（哈蒙），27

Adams, Guy B. 亚当斯，盖·B.，172

W. Adorno, Theodor W. 阿多尔诺，西奥多，39

anthropological foundation, of research 人类学基础，研究的，58

applied research 应用研究

191
索　引

　　aspects of（应用研究）的各方面，20

　　and storytelling 与讲故事，20–26

appreciative systems, actions of 鉴赏系统的行动，53

Argyris, Chris 克里斯·阿吉里斯，67–68，69，70–71，120

Aristotle 亚里士多德，68，84，85

author 作者

　　and literary interpretation 与文艺解释，136–139

　　and meaning and significance of text 与文本的意义和重要性，140

B

basic research 基础研究

　　aspects of 的方面，20

　　and storytelling 与讲故事，20–21

behavior, compared to action 行为与行动，48，127

Being and Time（Heidegger）《存在与时间》（海德格尔），85

Bell, Daniel 贝尔，丹尼尔，160

Bergmann, Gustav 伯格曼，古斯塔夫，85

bildung, meaning of 教化的意义，188–189

Brodbeck, May 布罗德贝克，梅，92

bureaucracy 官僚制，160

　　feminist critique of 女性主义对（官僚制）的批判，175

Bureaucratic Experience, The (Hummel)《官僚经历》（赫梅尔），28

C

canons of interpretation 解释的准则，143–145

　　canon of autonomy 自主性准则，143，144–145

canon of coherence 一致性准则, 144, 145

canon of preunderstanding 前理解准则, 144, 145

canon of validity 有效性准则, 144, 145

capitalism 资本主义, 156

Cartesian anxiety 笛卡儿的焦虑, 83, 87–88

 development of 的发展, 87–88

Cassirer, Ernst 恩斯特·卡西尔, 164

Catron, Bayard L. 贝雅德·L. 卡特伦, 27

coherence, literary interpretation 融贯, 文艺解释, 147–148

communication, and interpretive research 沟通与解释性研究, 50

computers, and data analysis 电脑与数据分析, 36–37

Comte, Auguste 奥古斯特·孔德, 13

constitutionalism, as public administration narrative 作为公共行政叙事的立宪主义, 173

control, and validity 控制与有效性, 46

conversation, knowledge as 对话, 作为知识的对话, 168–172, 186

Corporate Cultures (Deal and Kennedy)《企业文化》(迪尔和肯尼迪), 30–31, 131

correspondence, literary interpretation 符合, 文艺解释, 146

correspondence theory of truth 真理符合论, 90–92

corrigible schemata concept, of interpretation 解释的可修正的图式概念, 135–136

critical reasoning 批判性推理, 77–78

 elements of 的因素, 9, 65, 77–78

 logic of 的逻辑, 78

 and policy analysis 与政策分析, 78

critical research 批判性研究, 39–41, 54–58

 basis of 的基础, 55

 constraints to 的束缚, 54

 contemporary focus 当代焦点, 40–41

 criteria for 的标准, 55–56

索引

    educative role of 的教育角色, 57

    elements of 的因素, 8, 40-41

    examples of 的例子, 43, 56-57

    goals of 的目标, 40, 54, 55, 57

    historical view 历史观, 39-40

    logic of 的逻辑, 55

    validity of 的有效性, 55-56

critical theory 批判理论

    functions of 的功能, 80-81

    and planning 与规划, 33

D

Derrida, Jacques 德里达, 雅克, 153, 165, 166-167

Denhardt, Robert B. 登哈特, 罗伯特·B., 27-28

Descartes, René 笛卡儿, 让, 87

Dewey, John 杜威, 约翰, 67

deconstruction, definition of 解构的界定, 17

deconstructionism, language in 解构主义的语言, 166-167

decision making, and syllogism 决策与三段论, 68-69

declarative logic, meaning of 宣告式逻辑的意义, 25

deductive-nomological explanation, logic of 演绎的—法则的说明逻辑, 45-46

double-loop learning, aspects of 双环学习的各方面, 120-121

Dunn, William 邓恩, 威廉姆, 27

E

economic man, research model 经济人, 研究模型, 37

editorial review 编辑审稿

  and literary interpretation 与文艺解释, 148 – 149

  and validity 与有效性, 45 – 46

Eliot, T. S. 艾略特, T. S., 137

Enlightenment, philosophical basis of 启蒙运动的哲学基础, 155 – 156

Enlightenment Project 启蒙运动的构想, 13

epistemology, elements of 认识论的因素, 12

Etzioni, Amitai 埃齐奥尼, 阿米泰, 66

explanation, rational aspects of 说明的理性方面, 92 – 93

explanatory research 说明性研究, 44 – 47

  basis of 的基础, 19 – 20, 44

  deductive-nomological explanation 演绎的—法则的说明, 45

  elements of 的因素, 7 – 8, 9

  examples of 的例子, 43

  inductive explanation 归纳性说明, 45

  versus interpretive research 对解释性说明, 35 – 36, 38 – 39, 51 – 52

  positivist view 实证主义的观点, 24

  and public administration research 与公共行政研究, 46 – 47

  validity of 的有效性, 45 – 46

  and value positions 与价值立场, 22 – 23, 183

F

facts, and value positions 事实, 与价值立场, 23

Farmer, David John 法默尔, 大卫·约翰, 17

Feigl, Herbert 费格尔, 赫尔伯特, 91

feminist theory, of public administration 公共行政的女性主义理论, 175

Feyerabend, Paul 费耶阿本德, 保罗, 98

foundations of research 研究的基础, 58 – 60
  anthropological foundation 人类学基础, 58
  antifoundationism 反基础主义, 59 – 60
  transcendental foundation 先验基础, 59 – 60
Fozouni, Bahman 弗佐尼, 巴曼, 27
frame reflection, and policy issues 框架反思与政策问题, 26, 53
Frankfurt School 法兰克福学派, 39 – 40, 40
Freud's theory 佛洛伊德的理论, 165

G

Gadamer, Hans-Georg 伽达默尔, 汉斯 – 乔治, 52
gangs 流氓团伙, 158 – 159
Garfinkel, Harold 加芬克尔, 哈罗德, 48
Geertz, Clifford 吉尔茨, 克利福德, 48
generic appropriateness, literary interpretation 类的适当性, 文艺解释, 146 – 147
genre 类, 146 – 147
Giddens, Anthony 吉登斯, 安东尼, 40
the given, in positivism 在实证主义中的所予, 88 – 90
grand narratives 宏大叙事, 155 – 156

H

Habermas, Jürgen 哈贝马斯, 于尔根, 40, 58, 97
Harmon, Michael M. 哈蒙, 迈克尔·M., 27
Hegelianism 黑格尔主义, 156
Heidegger, Martin 海德格尔, 马丁, 85
Hempel, Carl 亨普尔, 卡尔, 92

hermeneutics 解释学

    elements of 的因素，47

    goal of 的目标，130

    historical view 历史观，129 – 130

    and interpretation 与解释，129 – 132

    meaning and significance in 意义与重要性，139 – 143

    and science 与科学，103

Hirsch, E. D. 赫希，E. D.，130, 137 – 139

Hobbes, Thomas 霍布斯，托马斯，66 – 67

Horkheimer, Max 霍克海默，马克斯，39, 40

How We Think (Dewey)《我们如何思想》（杜威），67

Hummel, Ralph P. 赫梅尔，拉尔夫·P.，28

Husserl, Edmund 胡塞尔，爱德蒙德，48

hypothesis testing 假说检验，100

idealism 唯心主义

    basis of 的基础，169

    opposition to 反对，169

ideographic research 表意研究，29

    goal of 的目标，29 – 30

    compared to nomothetic research 与普遍规律研究，30

    Interpretive research inductive explanation, logic of 解释性研究归纳性说明的逻辑亦可参见解释性研究，45

instrumental reasoning 工具性推理，64 – 66

    elements of 的因素，9, 67

    Limitations of, 的限制，121

means and ends in 目的与手段，65

 in public administration education 在公共行政教育中，187-188

 rationality 合理性，64

 in rational model 在理性模型中，64，67

interpretation 解释

 author/actor relevance in 作者/行动者的相关性，136-139

 canons of interpretation 解释的准则，143-145

 corrigible schemata concept 可修正的图式概念，135-136

 hermeneutics 解释学，129-132

 intuitionism 直觉主义，132-133

 literary interpretation 文艺解释，129-132

 meaning and significance 意义与重要性，139-143

 perspectivism 视角主义，134-135

 positivism 实证主义，133-134

 postpositivist view 后实证主义观，94-95

 and science 与科学，93-95

 and theory formation 与理论形成，101

interpretive reasoning 解释性推理，75-77

 elements of 的因素，9

 logic of 的逻辑，49，75

interpretive research 解释性研究，47-54

 basis of 的基础，47

 communicative interaction in （解释性研究）中的沟通性互动中，50-51

 elements of 的因素，8，48-51，79-81

 examples of 的例子，43

 versus explanatory research 对说明性研究，35-36，38-39，51-52

 goals of 的目标，49

 hermeneutics 解释学，47

 methods in 的方法，29

phenomenology 现象学, 47-48

policy analysis 政策分析, 32-33

as qualitative research 作为质性研究, 29-30

storytelling in 讲故事, 31-32, 52-53

strengths of 的力量, 53-54

thick description 深描, 37

and value positions 与价值立场, 49

Introduction to Legal Reasoning (Levi)《法律推理导论》(列维), 72

intuitionism 直觉主义, 132-133

    aspects of 的方面, 132

    limitations of 的限制, 135

    literary interpretation 文艺解释, 133

    roots of 的根源, 132

intuitive model, elements of 直觉模型的因素, 70

K

Kant, Immanuel 康德, 伊曼努尔, 85, 138

knowledge 知识

    as convenation 作为对话的, 168-172, 186

    and language 与语言, 7

    linguistic foundation of 的语言学基础, 95-99

    and local narratives 与地方性叙事, 162-163

    and meaning and significance 与意义和重要性, 139-143

    and policy analysis 与政策分析, 23-24

    reasoning and knowledge development 推理与知识的发展, 79-81

    as storytelling 作为讲故事, 6-10

    validity of 的有效性, 177-178

Knowledge and Human Interests (Habermas)《知识与人类旨趣》(哈贝马斯), 58

Kuhn, Thomas 库恩, 托马斯, 99, 101 – 103

L

Lacan, Jacques 拉康, 雅克, 165 – 166, 181

language 语言

    as basis of science 作为科学的基础, 95 – 99

    deconstructionism 解构主义, 166 – 167

    and human beings 与人类, 165

    and knowledge 与知识, 7, 10 – 11

    in poststructuralism 后结构主义中的, 165

    and signs 与记号, 165 – 166

    structuralist view 结构主义观, 165 – 167

language game 语言游戏, 96, 186

    and local narratives 与地方性叙事, 161 – 162

    meaning of 的意义, 8

    and relativism 与相对主义, 97 – 98

    of research 的研究, 8

Language of Public Administration (Farmer)《公共行政的语言》(法默尔), 17

lawlike statements, logic of 像法律一样的陈述逻辑, 44 – 45

学习 learning

    double-loop learning 双环学习, 120 – 121

    single-loop learning 单环学习, 120

lebensvelt 生活世界, 48, 165

legal reasoning 法律推理, 71 – 74

    by administrators 由行政人员作出的, 73, 74

    applied to organizations 应用于组织的, 73 – 74

as critical reasoning 作为批判性推理，77

　　　elements of 的因素，72

　　　logic of lawlike statements 像法律一样的陈述逻辑，44–45

legitimacy, literary interpretation 合法性，文艺解释，146

Levi, Edward 列维，爱德华，72

Lindblom, Charles 林德布鲁姆，查尔斯，66

literary interpretation 文艺解释，129–132

　　　coherence 融贯，147–148

　　　correspondence 符合，146

　　　and editorial review 与编辑审稿，148–149

　　　generic appropriateness 类的适当性，146–147

　　　goal of 的目标，129

　　　as hermeneutics 作为解释学，129–132

　　　historical view 历史观，129–130

　　　intuitionism 直觉主义，133

　　　legitimacy 合法性，146

　　　logic of 的逻辑，148

　　　perspectivism 视角主义，134

　　　positivist view 实证主义观，133–134

　　　validation, criteria for 确认的标准，145–150

地方性叙事 local narratives，157–163

　　　examples of 的例子，158–159

　　　functions of 的功能，157–158

　　　and knowledge 与知识，162–163

　　　and language games 与语言游戏，161–162

　　　linguistic basis of 的语言学基础，160–163

　　　in public administration 公共行政中的，172–176

logic 逻辑

　　　of critical research 批判性研究的，55

deductive model 演绎模型，44–45

    of explanation 说明的，92–93

    inductive model 归纳模型，44，45

    of interpretation 解释的，49

Lyotard, Jean François 利奥塔，让–弗朗索瓦，155

M

Marcuse, Herbert 马尔库塞，赫尔伯特，40

Marxism 马克思主义，156

meaning and significance 意义与重要性，139–143

    and author's intention 与作者的意向，140

    basic assumptions 基本假设，139–140

    stability of 的稳定性，141–142

means and ends 手段与目的，65

Merleau-Ponty, Maurice 梅洛–庞蒂，莫里斯，48

Merton, Robert 默顿，罗伯特，45

metaphysical, meaning of 形而上学的意义，85

middle-range theories 中层理论

    examples of 的例子，38

    and explanatory research 与说明性研究，45

    nature of 的本质，38

Mintzberg, Henry 明茨伯格，亨利，30

Model I behavior, characteristics of 模型 I 行为的特征，119

Model II behavior, characteristics of 模型 II 行为的特征，119

modern society 现代社会

    Enlightenment 启蒙运动，155–156

    features of 的特征，156–157

grand narratives in 的宏大叙事，156–157

and public administration 与公共行政，178

N

Narrative Knowing and the Human Sciences（Polkinghorne）《叙事性认识与人文科学》（波尔金霍恩），179

narratives 叙事

    functions of 的功能，155

    grand narratives 宏大叙事，155–156

    local narratives 地方性叙事，157–163

    modern 现代的，156–157

    of public administration 公共行政的，172–176

    storytelling 讲故事，6–10

    traditional, loss of 传统（叙事）的失落，155–160

    See also Storytelling 亦可参见讲故事

narrative theory 叙事理论

    basis of arguments for 的论点基础，10–13

    proponent views of 支持者的观点，7–10

National Science Foundation, funding and positivist method 国家科学基金，资助与实证主义方法，36

New Public Administration 新公共行政，174–175

New Public Management 新公共管理，175

Nicomachean Ethics（Aristotle）《尼格马可伦理学》（亚里士多德），84

nomological 法则论的

    deductive-nomological explanation 演绎的—法则论的说明，44–45

    meaning of 的意义，44

nomothetic research 普遍规律研究

compared to ideographic research 与表意研究相比, 30

goal of 的目的, 30

nonrational behavior 非理性行为

forms of 的形式, 70, 71

models related to 的相关模型, 70-71

O

objectivism 客观主义, 89, 100

ontology, elements of 本体论的因素, 11-12

oral histories 口述历史, 155

organizational culture 组织文化

definition of 的界定, 31

interpretive approach to 解释性路径, 54, 131

rise of studies/articles on 研究/文章方面的增长, 30-31

Organizational Culture Inventory 组织文化清单, 31

P

paradigms, and theory formation 范式, 与理论形成, 102

Parsons, Talcott 帕森斯, 塔尔科特, 164

perspectivism 视角主义, 134-135

historical aspect 历史方面, 134

limitations of 的限制, 135

literary interpretation 文学解释, 134

psychological aspect 心理学方面, 134

phenomenology 现象学

elements of 的因素, 47-48

origin of 的起源, 45

Philosophical Investigations（Witgenstein）《哲学研究》（维特根斯坦）, 96

philosophy 哲学

 Cartesian anxiety 笛卡儿的焦虑, 87–88

 relationship to science 与科学的关系, 84–86

Philosophy and the Mirror of Nature（Rorty）《哲学与自然之镜》（罗蒂）, 98

philosophy of science 科学哲学

 epistemology 认识论, 12

 ontology 本体论, 11–12

 praxeology 人类行为学, 12–13

Physics（Aristotle）《物理学》（亚里士多德）, 84

Piaget, Jean 皮亚杰，让, 164

planning, and critical theory 规划，与批判理论, 33

policy analysis 政策分析

 as advice giving/storytelling 作为忠告/讲故事, 22–24, 26, 52–53

 and critical reasoning 与批判性推理, 78

 interpretive research 解释性研究, 32–33

 normative aspect of 的规范方面, 22

 and objective knowledge 与客观的知识, 23–24

policy, frame reflection and issues 政策，框架反思与问题, 26

policy interpretation, and legal reasoning 政策解释，与法律推理, 73–74

politics, versus administration 政治对行政, 173

Politics（Aristotle）《政治学》（亚里士多德）, 84

Polkinghorne, Donald E. 波尔金霍恩，唐纳德·E., 179

Popper, Karl 波普尔，卡尔, 99–101

POSDCORB, 30

positivism 实证主义, 13–14, 133–134

 alternatives to 替代, 13–14, 27–28, 34–35.

 and basic versus applied research 与基础对应用研究, 20

    criticism of 的批评, 3, 4, 26–27, 35–38, 89–90, 99–100, 135

    elements of 的因素, 13–14

    the given in 所予, 88–90

    as grand narrative 作为宏大叙事, 160

    historical view 历史观, 13

    literary interpretation 文艺解释, 133–134

    realism in 实在论, 169

    on value positions 在价值立场上, 24, 27

postmodernism 后现代主义

    aspects of 的方面, 153

    era of 的时代, 153

    extreme positions in 极端立场, 154

    narratives, loss of 叙事的失落, 155–160

    narrative theory of knowledge 知识叙事论, 168–172

    poststructuralism 后结构主义, 163–168

    of public administration 的公共行政, 178

    themes related to public administration 与公共行政的相关主题, 154

    view of scientific knowledge 科学知识观, 160–163

postpositivism 后实证主义

    interpretation, view of 解释观点, 94–95

    versus positivism 对实证主义, 3, 9

    science in 的科学, 98–99

poststructuralism 后结构主义, 163, 166–168

    focus of 的焦点, 163

    language in 的语言, 165

pragmatism 实用主义, 9–10

    elements of 的因素, 16–17

    goal of 的目标, 9–10

    historical view 历史观, 16

praxeology 人类学, 10, 12–13

    elements of 的因素, 12–13

    meaning of 的意义, 10, 12

predictive research, limitations of 预测研究的局限, 37–38

probability, and inductive explanations 概率, 与归纳性说明, 45

public administration education 公共行政教育, 187–190

    bildung in 教化, 188–189

    instrumental reasoning in 工具性推理, 187–188

public administration narratives 公共行政叙事, 172–176

    constitutionalism 立宪主义, 173

    feminist theory 女性主义理论, 175

    New Public Administration 新公共行政, 174–175

    New Public Management 新公共管理, 175

    politics versus administration 政治对行政, 173

    science model 科学模型, 173–174

    theory informing practice 理论指导实践, 174

public administration research 公共行政研究

    and explanatory research 与说明性研究, 46–47

    negative quality, reasons for 质量不高的原因, 3–6

    reviews of 的评论, 1–3

    storytelling in 讲故事, 6–10

Q

qualitative research 质性研究, 29–30

    definition and goals of 的界定与目标, 29

    limitations of 的局限, 4

    purpose of 的目的, 3–4

索引

research designs 研究方案, 29, 43

Quine, W. V. O. 奎因, W. V. O., 85

R

rationality 合理性
- definitions of 的界定, 64
- dual role of 的双重角色, 70
- of interpretive reasoning 的解释性推理, 65
- philosophical perspective 哲学视角, 71

rational model 理性模型, 66–71
- and decision making 与决策, 66
- as instrumental reasoning 作为工具性推理的, 64, 67
- intellectual origins of 的思想根源, 66–67, 68–69
- limitations of 的局限, 67–68, 70
- versus nonrational behaviors 对非理性行为, 70, 71
- subject areas related to 相关的主题领域, 66

realism 实在论
- meaning of 的意义, 169
- opposition to 的对立, 169

Reason in Human Affairs (Simon)《人类事务中的理性》(西蒙), 70

reasoning 推理
- critical reasoning 批判性推理, 9, 77–78
- instrumental reasoning 工具性推理, 9, 64–66
- interpretive reasoning 解释性推理, 9, 75–77
- intuitive model 直觉模型, 70
- and knowledge development 与知识的发展, 79–81
- legal reasoning 法律推理, 71–74

rational model 理性模型，66-71

reconstruction, positive aspects of 实证主义方面的重构，4-5

reflection-in-action 行动中的反思，122-123

Reflective Practitioner: How Professionals Think in Action (Schön)《反思的从业者：职业人士如何在行动中思考》(舍恩)，121

Rein, Martin 赖因，马丁，21，22，23，25，69

relativism 相对主义

    definition of 的界定，87

    and language games 与语言游戏，97-98

research 研究

    action research 行动研究，43

    applied research 应用研究，20

    basic research 基础研究，20

    critical research 批判性研究，8，54-58

    explanatory research 说明性研究，7-8，44-47

    foundations of 的基础，58-60

    interpretive research 解释性研究，8，29，47-54

    and language game 与语言游戏，8

    qualitative research 质性研究，29-30

    and reasoning 与推理，9

    and storytelling 与讲故事，20-21

    validity 有效性，9

Riceour, Paul 利科，保罗，127-128，130

Rorty, Richard 罗蒂，理查德，98，168-172，180

S

Sarup, Mandan 萨勒普，曼丹，164

索 引

Saussure, Ferdinand de 索绪尔，斐迪南·德，165

schizophrenia, and lack of language 精神分裂症，与失语，165

Schön, Donald A. 舍恩，唐纳德，25-26, 69, 70-71, 120-123

Schutz, Alfred 舒茨，阿尔弗雷德，27, 48

science 科学

 and correspondence theory of truth 与真理符合论，91-92

 and hermeneutic method 与解释学方法，103

 and interpretation 与解释，93-95

 language as basis of 作为（科学）基础的语言，95-99

 and logic of explanation 与说明的逻辑，92-93

 postmodern view 后现代的观点，160-163

 postpositivist view 后实证主义的观点，98-89

 and puzzle solving 与解难题，102

 relationship to philosophy 与哲学的关系，84-86

science model, of public administration 公共行政的科学模型，173-174

scientific management 科学管理，19

Scriven, Michael 斯克里文，迈克尔，93

self-reflection, and critical reasoning 自我反思，与批判性推理，78, 183

semiotics, meaning of 语义学的意义，32

Seventh Proposition, statement of 第七命题的陈述，95

signs, and language 记号与语言，165-166

Silverman, David 西尔弗曼，大卫，164

Simon, Herbert 西蒙，赫尔伯特，24-25, 26, 66, 67-68, 69-71

single-loop learning, aspects of 单环学习的各方面，120

social action, compared to text 与文本相比的社会行动，131

social sciences 社会科学

 and prediction 与预测，38

 research needs 研究需要，38-39

sociology, positivist approach, reasons for 社会学，实证主义路径，的原因，36

Stivers, Camilla 斯蒂福斯，卡米拉，175

storytelling 讲故事

    applied to public administration research 应用于公共行政研究的，6-7

    interpretive research 解释性研究，31-32，52-53

    in policy analysis 政策分析中的，22-24，52-53

    proponent views of 支持者的观点，7-10

    and research 与研究，20-21

    in strategic planning 战略规划中的，33-34

strategic planning, storytelling in 战略规划中的讲故事，33-34

structuralism 结构主义，163-166

    basic aspects of 基础方面，163-164

    and language 与语言，165-167

    limitations of 的局限，164-165

    poststructuralism 后结构主义，163，166-168

    in public administration research 公共行政研究中的，164，167-168

    and systems theory 与系统论，164

structuration theory 结构化理论，32

Structure of Scientific Revolutions, The (Kuhn)《科学革命的结构》(库恩)，101

syllogism 三段论，68-69

    form of 的形式，68

systems theory 系统论

    scientific basis of 的科学基础，97

    and structuralism 与结构主义，164

T

technique, overuse in research 在研究中过度运用的技术，36

theory 理论

choosing among theories 理论选择, 99–103

　　formation, aspects of (理论) 形成的各方面, 101–103

　　hypothesis testing 假说检验, 100

　　interpretation in formation of 在 (理论) 形成过程中的解释, 101

　　theory informing practice concept 理论指导实践的概念, 174

Toulmin, Stephen 图尔明, 斯蒂芬, 93

Tractatus Logico-philosophicus (Wittgenstein)《逻辑哲学论》(维特根斯坦), 95–96

traditional societies, narratives of 传统科学的叙事, 155

transcendental foundation, of research 先验基础, 59–60

truth, correspondence theory 研究的真理符合论, 90–92

V

validation, theory of 确认的理论, 145–150

validity 有效性

　　and control 与控制, 46

　　criteria for research 研究标准, 9

　　of critical research 批判性研究的, 55–56

　　of explanatory research 说明性研究的, 45–46, 183

　　of knowledge 知识的, 177–178

　　pragmatic theory of 实用主义理论的, 10

value positions 价值立场

　　and explantatory research 与说明性研究, 22–23

　　and facts 与事实, 23

　　and interpretive research 与解释性研究, 49

　　positivist view of 实证主义观点的, 24

　　value-critical position 价值—批判的立场, 23

verstehen 理解

and intuitionism 与直觉主义, 132

meaning of 的意义, 93

Vienna Circle 维也纳小组, 96

W

Weber, Max 韦伯, 马克斯, 178, 188

Wilson, Woodrow 威尔逊, 伍德罗, 173

Wittgenstein, Ludwig 维特根斯坦, 路德维希, 8, 95-96

Taking Language Seriously: The Narrative Foundations of Public Administration Research by Jay D. White

Copyright © 1999 by GEORGETOWN UNIVERSITY PRESS

本作品中文专有出版权由 GEORGETOWN UNIVERSITY PRESS 授予中央编译出版社独家出版发行。

版权所有，非经书面授权，禁止以任何形式进行摘录、复制或转载。

图书在版编目(CIP)数据

公共行政研究的叙事基础/(美)怀特著；胡辉华译.
—北京：中央编译出版社，2011.6
(公共行政规范理论译丛)
ISBN 978-7-5117-0902-8

Ⅰ.①公…
Ⅱ.①怀… ②胡…
Ⅲ.①行政学－研究
Ⅳ.①D035

中国版本图书馆 CIP 数据核字(2011)第 110074 号

公共行政研究的叙事基础

出 版 人	和 龑
责任编辑	贾宇琰
责任印制	尹 珺
出版发行	中央编译出版社
地　　址	北京西单西斜街 36 号(100032)
电　　话	(010)66509360(总编室)　(010)66509350(编辑室) (010)66161011(团购部)　(010)66130345(网络销售) (010)66509364(发行部)　(010)66509618(读者服务部)
网　　址	www.cctpbook.com
经　　销	全国新华书店
印　　刷	北京瑞哲印刷厂
开　　本	787 毫米×960 毫米　1/16
字　　数	170 千字
印　　张	14.25
版　　次	2011 年 6 月第 1 版第 1 次印刷
定　　价	45.00 元

本社常年法律顾问：北京大成律师事务所首席顾问律师　鲁哈达
凡有印装质量问题，本社负责调换，电话：(010)66509618